马克思主义简明读本

刘少奇的追求

丛书主编：韩喜平

本书著者：杨敏玲

编　委　会：韩喜平　邵彦敏　吴宏政
　　　　　　王为全　罗克全　张中国
　　　　　　王　颖　石　英　里光年

吉林出版集团股份有限公司

图书在版编目（CIP）数据

刘少奇的追求 / 杨敏玲著. -- 长春：吉林出版集团股份有限公司，2014.4（2019.2重印）
（马克思主义简明读本）

ISBN 978-7-5534-4238-9

Ⅰ. ①刘… Ⅱ. ①杨… Ⅲ. ①刘少奇（1898～1969）—生平事迹 Ⅳ. ①K827=7

中国版本图书馆CIP数据核字（2014）第059779号

刘少奇的追求
LIU SHAOQI DE ZHUIQIU

丛书主编：	韩喜平
本书著者：	杨敏玲
项目策划：	周海英　耿　宏
项目负责：	周海英　耿　宏　宫志伟
责任编辑：	陈　曲　潘　晶
出　　版：	吉林出版集团股份有限公司
发　　行：	吉林出版集团社科图书有限公司
电　　话：	0431-86012746
印　　刷：	北京一鑫印务有限责任公司
开　　本：	710mm×960mm　1/16
字　　数：	100千字
印　　张：	12
版　　次：	2014年4月第1版
印　　次：	2019年2月第3次印刷
书　　号：	ISBN 978-7-5534-4238-9
定　　价：	29.70元

如发现印装质量问题，影响阅读，请与出版方联系调换。0431-86012746

序　言

习近平总书记指出，青年最富有朝气、最富有梦想，青年兴则国家兴，青年强则国家强。青年是民族的未来，"中国梦"是我们的，更是青年一代的，实现中华民族伟大复兴的"中国梦"需要依靠广大青年的不断努力。

要提高青年人的理论素养。理论是科学化、系统化、观念化的复杂知识体系，也是认识问题、分析问题、解决问题的思想方法和工作方法。青年正处于世界观、方法论形成的关键时期，特别是在知识爆炸、文化快餐消费盛行的今天，如果能够静下心来学习一点理论知识，对于提高他们分析问题、辨别是非的能力有着很大的帮助。

要提高青年人的政治理论素养。青年是祖国的未来，是社会主义的建设者和接班人。党的十八大报告指出，回首近代以来中国波澜壮阔的历史，展望中华民族充满希望的未来，我们得出一个坚定的结论——实现中华民族伟大复兴，必须坚定不移地走中国特色社会主义道路。要建立青年人对中国特色社会主义的道路自信、理论自信、制度自信，就必须要对他们进行马克思主义理论教育，特别是中国特色社会主义理论体系教育。

要提高青年人的创新能力。创新是推动民族进步和社会发展的不竭动力，培养青年人的创新能力是全社会的重要职责。但创新从来都是继承与发展的统一，它需要知识的积淀，需要理论素养的提升。马克思主义理论是人类社会最为重大的理论创新，系统地学习马克思主义理论有助于青年人创新能力的提升。

要培养青年人的远大志向。"一个民族只有拥有那些关注天空的人，这个民族才有希望。如果一个民族只是关心眼下脚下的事情，这个民族是没有未来的。"马克思主义是关注人类自由与解放的理论，是胸怀世界、关注人类的理论，青年人志存高远，奋发有为，应该学会用马克思主义理论武装自己，胸怀世界，关注人类。

正是基于以上几点考虑，我们编写了这套《马克思主义简明读本》系列丛书，以便更全面地展示马克思主义理论基础知识。希望青年朋友们通过学习，能够切实收到成效。

韩喜平

2013年8月

目　录

引　言

　　本书《刘少奇的追求》，主要按刘少奇一生经历的时间顺序编写，内容通俗易懂，便于阅读。本书的内容侧重于叙述刘少奇一生中所有的经历，有利于更全面地了解刘少奇。希望读者在阅读这本书时，明白革命前辈们建立如今美好而又幸福的生活以及现在自由而又昌盛的祖国是多么不容易的。如今北京天安门广场正中，高高耸立着人民英雄纪念碑，它时刻提醒着人们：无数仁人志士，为了今天人民的幸福和祖国的昌盛而奋斗了一生。落后就要挨打，这是永不过时的真理，正因为我国在19世纪中叶落后于其他国家，因此我国的近代史可以说是一部屈辱史，我们的前辈们为了祖国的明天，不断地探索，从师夷长技以制夷，到学习西方的政治制度，再到学习西方的文化思想。我们的先辈不断地寻找，越挫越勇，面对祖国的危亡，中华儿女们奋起了。他们前赴后继、发动了几百次反帝反封建的起义，掀起了三次革命高潮。但是，所有的这些努力，都在中外反动势力的联合绞杀下失败了，"三座大山"仍然压在中国人民的头上。俄国十月革命的胜利，使中国人民看到了自由解放的曙光，为中国的革命者提供了借鉴。于是，马克思主义在中国迅速传播，并与革命运动相结合，诞生了中国共产党。东方文明古国，终于踏上了复兴之路。虽然方向已明确，道路逐步找到，但每一个革命者都知道，通向这神圣目的地的道路并不是坦途，但他们仍勇敢前进。革命先辈这种永不言败、永不放弃的精神，正是我们读者所需要学习的。

刘少奇是我们真真正正的楷模。他面对危险的沉着冷静，面对逆境的坦然胸怀，面对别人的赤子之心，面对权势的淡定从容，他的高风亮节，他的严于律己，他的以身作则，他的艰苦朴素，他的吃苦耐劳，都是现在的年轻读者们所欠缺的，是他们该鞭策自己学习的。虽然刘少奇已离我们而去，但他留下的精神遗产，已成为我们用之不竭的财富。面对现如今信息化的社会，年轻读者们应该提升自己的专业技术知识，以便在竞争中立于不败之地。

今天，我们在面临国内形势、国际形势复杂多变的情况下，要想保持国家的繁荣富强，除了要依靠党的正确领导与提高自身面对抵御风险的能力外，作为祖国未来的年轻人，也应该学习我们的前辈为了振兴中华敢于拼搏的精神，把国家的发展前途同自己的发展前途结合起来，达到社会价值和个人价值的统一；还应该领悟革命先辈创业的艰难，从而在更加珍惜今天安定幸福的生活的同时，也一定要把革命先辈们为之奋斗的事业延续下去！

第一章 抉择人生道路

第一节 少年郎求知若渴 立大志改名"卫黄"

刘少奇,名绍选,字渭璜。1898年11月24日出生于湖南省宁乡县境内花明楼乡一个叫炭子冲的地方。他的父亲名叫刘寿生(1865-1911),母亲鲁氏(1864-1931)。刘寿生夫妇共育有四子二女,刘少奇在叔伯兄弟姐妹中排行第九,是这一辈分中最小的一个,所以进人平时都亲切地叫他"九满"。

从五六岁开始,刘少奇就跟着哥哥们到田边山脚去放牛、割草,跟着姐姐到山上去拾柴、摘野菜,或者帮助父亲和母亲到稻田菜园子里除草捉虫。八岁那年,父亲送他到私塾读书。刘少奇性格内向,平时举止文静沉着,上课时用心听讲,下课后也不像别的孩子一样喜欢追逐打闹,读书很专心,学习成绩总是名列第一,在小伙伴中很有威信。由于刘少奇是家中最小的孩子，功课又好，他的父母便想让他多读些书，希望他成为知书识礼的人。但是刘家家境并不富裕，由于学费等原因，他不得不经常变换学堂。从八岁到十三岁，他先后在拓木冲、罗家塘、月塘清、洪家大屋、红米冲、花子塘等地的私塾读书，差不多一年换一个地方。少年的刘少奇非常喜欢读书，可是当时的私塾只是教一些正统的"四书""五经"之类的东西，无法满足刘少奇的求知欲望，于是他就想办法找人借来课外书籍阅读。

当时，他有一位姓周的同学家中藏有较多的书，刘少奇就经常到这位同学家去借书、看书。正是在这里，少年时代的刘少奇从读过的书籍、报中看到了一个广阔缤纷的世界，他不但知道了中国的康有为、梁启超、谭嗣同等风云人物，还了解了外国的华盛顿、富兰克林、瓦特等著名人士。其中，谭嗣同这位湖南同乡献身革命的悲壮事迹，使刘少奇激动不已。

在自己家里，刘少奇把他住的一间狭窄低矮的小房子布置成书屋。他把从各处借来的书和自己收集来的书，分门别类地放好，一有时间，就一个人关在小屋里静静地看书，夜深人静的时候，更是他读书的好时光。《三国演义》《聊斋》《唐诗三百首》等中国古典名著，还有当时的一些反映资产阶级民主革命和社会政治经济方面的书刊，他都读过。

由于刘少奇经常到处找书、借书，读起来手不释卷，所以他在炭子冲一带很有名气。许多人都知道刘寿生家的"九满"爱看书，凡事都能讲出一番道理，就送了他一个外号——"刘九书柜"。由于阅读了大量的书籍，使身居偏僻山村的少年刘少奇对中外的大事也有所了解，对一些新知识也略知一二，并且从小养成了善于学习、勤于思考的好习惯。

刘少奇在家乡私塾读书的时候，正是中国资产阶级发动辛亥革命、推翻清王朝期间，他的二哥刘云庭当时正在湖南新军服役。1912年刘云庭回炭子冲探亲，向家里人讲起辛亥革命的情形，少年的刘少奇听了后，也表示自己要同清王朝决裂，为此，还让姐姐给自己剪了辫子。

1913年，刘少奇离开自己的家乡前往宁乡县城，进入了当时一所新式学校——玉潭学校学习，被编入了第十一班。在这所新式学校里，刘少奇接触到了更多的接受新思想的老师和宣传新思想的报刊杂志，他读书仍是很用功，遇到问题总是认真思索，直到弄清楚为止，学习成绩在班上始终名列前茅。他对各门功课都喜欢，对算术、体育、图画等课程尤其感兴趣。课外活动时，他和同学们一起打球、练武术、吹笛子、拉二胡，也热心地参加大扫除等公益活动。

刘少奇在玉潭学校学习的三年，正是国内政局动荡、革命与复辟、卖国与爱国等诸种潮流混杂而风云迭起的三年。是是非非的风雨，革命与反革命的较量，荡涤着他那颗寻求真理的心，使这位冲破封建牢笼的乡里伢子，在通向成熟的道路上又向前迈进了一步。

1915年，即刘少奇考入玉潭学校的第三年，这一年的1月，日本帝国主义者趁欧美各列强忙于欧战无暇东顾之机，命令其驻华公使日置益，以解决中日两国间的"悬案"为名，向袁世凯提出了旨在灭亡中国的"二十一条"无理要求，企图把中国置于日本帝国主义的控制之下。身为大总统的袁世凯，为了换取日本帝国主义对其复辟帝制的支持，竟不惜出卖国家主权，公然接受了这些丧权辱国的要求。

这个"二十一条"是一个企图置中国为日本殖民地的罪恶条款，它的内容，连当时参与谈判的袁世凯政府代表曹汝霖都不得不承认："它包罗万象，集众大成，势力由东北、内蒙以至闽浙，权利由建铁路、开矿产以至开商埠、内地杂居，甚至要求政府机关设立日本顾问，中国军队军械由日本控制，警察由日本训练，小学用日本教师，等等。"袁世凯接受了这些条款，无异于将神州河山交给了日本帝国主义，等待中华民族的只能是亡国灭种！

因此，这个"二十一条"自然受到每一个有血性的中国人的反对。消息一经传开，举国上下一片激愤，一场声势浩大的拒日讨袁运动在中华大地上迅速展开。

在邻近省会长沙的宁乡，玉潭学校的同学们听到这一消息后，群情愤慨。刘少奇和贺执圭等同学，当即刺破自己的手指，用鲜血在白纸上写下了"誓雪国耻"的血书。在刘少奇等进步师生的带动下，玉潭学校的学生首先走出校门，在县城张贴"取消二十一条""打倒卖国贼"等标语。在声势浩大的示威游行中，玉潭学校五个班次的四百多名学生几乎全部走上街头，投入到讨伐卖国贼的行列中。队伍中，刘少奇身背"毋忘国耻"的牌子走在最前面。他个子高大，声音洪亮，带领大家一遍又一遍地高呼"打倒卖国贼""不做亡国奴""坚决取消二十一条"等口号。游行队伍从县城北门走到南门，再从大西门返回到东门，街巷里人如潮涌，口号声响彻云霄，小小的宁乡县城如翻了天。

除了组织参加声势浩大的示威游行之外，刘少奇和其他进步同学们还组成了抵制日货的小组，四处宣传讲解，号召广大人民起来，采取自觉行动。

正是为了表明自己的志向，他果断地将自己的名字"渭璜"改为"卫黄"。几天后，班里面的同学看到刘少奇的课本、书籍、笔记本的扉页上，都重新用毛笔工整漂亮地写上了"刘卫黄"三个大字。由于中国人民自古就被称为"炎黄子孙"或"黄帝子孙"，刘少奇改名为"卫黄"，这反映了他青年时代的爱国主义精神。他还利用业余时间，为自己精心雕制了一枚"刘卫黄"的印章，似乎要把这满腔的爱国热情，倾注在这一刀一笔之中。他的一举一动，都体现了一位青年的拳拳赤子之心。

一波未平，一波又起。就在这一年的年底，窃国大盗袁世凯终于撕去了伪善的假面具，悍然宣布复辟帝制，真的干起了黄袍加身、南面称帝的丑事来。袁世凯冒天下之大不韪，公然开历史倒车的行为，激起了全国人民的愤怒与声讨。在举国声讨"袁逆"的浪潮中，刘少奇和进步同学们拍案而起，再次投入革命的洪流。在全国人民一片抗议的浪潮中，袁世凯被迫宣布取消帝制，随后一命呜呼。

玉潭学校的爱国反袁学潮先后持续了一年多，刘少奇虽然是这次斗争的主要学生代表和领头人，但他并没有荒废学业。

在这一年多的时间里，他除了参加爱国革命斗争之外，仍然抓紧一切空余时间努力学习各门功课。因此，到毕业考试时，刘少奇的成绩名列全年级第一。

玉潭学校，是刘少奇在学生时代唯一读满了三年的一所学校，也是让他接受比较全面的现代科学文化知识的一所学校。在这里，他经受了讨袁爱国运动的洗礼，开始为中华民族的内忧外患而焦虑，并开始思考救国救民的大问题。知识、才干的迅速增长，使得刘少奇英姿勃发；斗争风云的历练，使他更加老成稳重。毕业之际，来自炭子冲的"九满"在他的本子上工整地写下了八个大字："天下兴亡，匹夫有责。"

第二节　弃文学武受挫　寻真理远赴苏俄

1916年夏，刘少奇从玉潭学校毕业，在宁乡县城再没有升学的地方，如果想继续学业，就得到省城长沙去。经他在玉潭学校的老师梅冶成的介绍，刘少奇离开玉潭来到了省城长沙。

初到长沙，刘少奇报考了当时的第一中学、长郡中学这两所有名的学校，而且都被录取。当时的长沙还有一所叫驻省宁乡中学的学校，这所学校的校长曾经是原玉潭学校的校长，当得知刘少奇来到长沙报考中学，便极力动员他来驻省宁乡中学，这样，刘少奇就进入了驻省宁乡中学学习。

进入长沙的宁乡驻省中学后，刘少奇依然热心于进步的政治运动，积极参加驱逐湖南反动军阀汤芗铭的斗争。这时的刘少奇已经18岁了，他崇尚西汉苏武、东汉班超、马援等爱国志士，钦佩南宋岳飞"精忠报国"的壮举，萌发了投笔从戎、以身许国的志向。恰好，同年秋天，湖南省省长兼督军谭延闿在长沙开办陆军讲武学堂，刘少奇获得了报名资格，并以优异的成绩被录取。

讲武堂的学制为一年半，头半年补习文化，后一年学习军事。然而由于找不到校舍，讲武堂直到第二年三月才正式开学。在讲武堂，刘少奇经过了半年的文化补习之后，开始了军事学科的学习和演练。可是，1917年10月，护法战争爆发了，湖南长沙成为南北两军交战的战场。在炮火中，讲武堂校舍成了一片废墟，学生四散。最后，讲武堂被迫解散，刘少奇只得离开省会，返回故乡。

从戎救国的愿望落空后，回到家乡的刘少奇丝毫没有气馁，一方面，他从同学那里借来各类教科书，自修中学的全部课程及一部分大学课程，同时潜心研读古籍史书；另一方面，他也在苦苦思索着前进的道路。受当时一些知识青年纷纷出国留学的影响，刘少奇决定先取得一张中学文凭后，再去报考专业学校或大学。于是，他在1919年初，又进入了长沙私立育才高等中学毕业班学习。然而，在长沙育才中学的刘少奇刚刚度过3个多月比较平静的学习生活，一场席卷全国的风暴——五四运动爆发了，很快刘少奇便全身心地投入到了这场爱国运动中。

1919年5月，由于中国政府在巴黎和会上外交的失败，在北京引发了一场轰轰烈烈的五四学生运动。这场运动很快也波及到湖南省会长沙，为了配合学生运动，长沙育才中学将各年级的学年测验和毕业考试提前举行，同时通知提前放暑假。刘少奇参加了长沙学生组织的罢课、抵制日货等运动，在参加完学校组织的毕业考试后，未等毕业证书下发他就急匆匆地赶到五四运动的中心——北京。刘少奇一到这里，便感受到了浓厚的反帝反封建的斗争气氛和人民群众的爱国热情以及青年学生的思想活跃、意气风发。马克思主义、各种流派的社会主义，还有无政府主义，都在这里传播，相互间还展开热烈的辩论。在这里，新思潮、新知识令人目不暇接，刘少奇决定争取留在这里读大学。这时正值暑假，各个大学都在招考新生。他报名参加了几所大学和军事院校的招生考试。不久，他就得到了北京大学、陆军兽医学校等校的录取通知。北京大学是刘少奇向往已久的高等学府，但一打听，这个学校学制长，而且学费昂贵，远远超出刘少奇的负担能力。军事院校倒是免收学费，还提供食宿，但兽医专业实在不合他的心意。考虑再三，刘少奇只得放弃在北京上大学的计划。

五四运动前后，到西方去学科学、学技术、学革命理论，是当时一批先进的知识分子所认定的救国道路。国内的许多地方，掀起了一股留法热潮。一些主要报刊不断发表宣传留法勤工俭学的文章，很多省、市，设立主办留法事宜的机构和预备学校，不少地方的当政者和社会知名人士，纷纷给予留法勤工俭学活动以支持和赞助。当时的湖南省也是把留法勤工俭学活动搞得比较热的省份，这对刘少奇不能不有所影响。为了解决学习经费这个实际问题，刘少奇欲走留法勤工俭学的道路。当时的刘少奇像那个时代的许多人一样，梦想过"实业救国"和"教育救国"的道路。因此，一个偶然而冲动的念头，促使他不避冒昧，拜访了留法勤工俭学的著名发起人李石曾和范静生。李石曾和范静生热情地接待了这位素不相识的瘦高个子的南方青年。在他们的鼓励和推荐下，刘少奇进了保定育德中学留法预备班。

育德中学是一所进步的学校。辛亥革命时，育德中学曾是同盟会在河北地区的秘密集会场所。当时的校长王国光有比较进步的思想，因此，当时的许多进步刊物如《新青年》《每周评论》《东方》等在这里都能被看到，也是在这里，刘少奇读到了李大钊的《我的马克思主义观》等文章，开始对马克思主义有了初步的了解。

同时，在留法预备班的实习工厂中，刘少奇跟随工人师傅先后学习了金工的锻、铸、锉、铣、钻、镟和木工的锯、刨等技术。新中国建立后，刘少奇回忆了自己在育德中学学习的情况："我青年时在保定育德中学上过一年半工半读，有一个技师、两个技术工人教我们。作坊就是三个小房子，一个五马力的发动机，三部车床。我们一班六十个人，上午上四小时课，下午做四小时工，书也读了，身体也很好，还能赚钱。现在清华大学的刘仙洲副校长，那个时候教我们机械学。一年的半工半读，我们就学了打铁、翻砂、钳工、车床工、模样，五样都学了，还学了一门法文，准备到法国去勤工俭学，后来我没去。"

在1920年6月，刘少奇从保定育德中学留法预备班毕业，正如他自己回忆的那样，由于多种原因他并没有去赴法留学。这其中最主要的原因，据刘少奇的夫人王光美回忆，是受俄国十月革命的影响，刘少奇急盼去俄国寻求救国救民的真理。

俄国十月革命的胜利，给中国人民送来了马克思列宁主义，使中国革命看到了希望和光明。到俄国去学习俄国十月革命的经验，用以改造中国、振兴中华，成了当时许多热血青年最向往的目标，这也是刘少奇的理想。

1920年8月中旬，经过五四运动的洗礼，初步接受马克思主义理论的刘少奇，从北平回到了长沙。这时正值毛泽东等人在长沙成立革命团体"湖南俄罗斯研究会"，与此同时，毛泽东还与何叔衡、彭璜等人在长沙发起了留俄勤工俭学运动。刘少奇回到长沙不久，由"湖南俄罗斯研究会"和船山学社的贺民范介绍去上海外国语学社学习。贺民范，生于1866年，湖南邵阳人，早年加入同盟会，参加过辛亥革命，曾被选为湖南咨议局的议员，任过几届县长。当时他任船山中学校长，思想倾向进步，倡导民主科学，与陈独秀有密切交往。在陈独秀的影响和支持下，贺民范在长沙积极从事马列主义的宣传和参加建立共产主义小组的前期工作，在当时是一位很有名望和影响的人物。当刘少奇找到贺民范时，他积极鼓励和支持刘少奇去俄勤工俭学，并说中国革命也要走俄国十月革命的道路，要取得革命的成功，必须有千百万人来参加这个革命。贺民范对刘少奇的远大理想和敢于追求真理的精神十分赞赏，为刘少奇写了一封信，介绍他去上海外国语学社学习。刘少奇几年来四处奔走，寻求理想的救国救民的途径，这时终于找到了一条报效祖国的理想之路。

1920年秋，刘少奇从长沙乘船取道武汉、南京等地来到上海外国语学社。上海外国语学社是以陈独秀为首的上海共产主义小组发起在共产国际代表帮助下创办的，具体负责人是维经斯基的翻译、俄籍华人杨明斋。学员主要由各地共产主义小组和革命人士推荐选送，他们在这里学习一段时间俄语和革命理论后，将被派往莫斯科学习。和刘少奇同期学习的，有任弼时、萧劲光、罗亦农等。据萧劲光后来回忆说："少奇同志几乎没有个人爱好，从不闲聊天，也不随便上街，我们不住在一起，但看见他的时候，多是在学习俄文，阅读《共产党宣言》，思考着中国革命问题。"在几个月的学习中，刘少奇除了学习俄语外，还参加了陈独秀发起的上海工读互助团和上海马克思研究会的活动，并且帮助《劳动号》的"华俄通讯社"做些抄写、校对的事。经过几个月的学习后，到1921年4月，刘少奇终于等到了赴俄的机会，于是他抓紧办了赴俄的手续，1921年5月，刘少奇等人开始启程赴俄。在上海外国语学社虽然只有短短的几个月，但在刘少奇迈向革命的征途上却留下了坚实的脚印。在这里，他进一步确立了马克思主义的信仰，并投入到将马克思主义与中国实际相结合的实践中。

从上海出发，刘少奇等人一路上历经坎坷，终于在1921年7月到达莫斯科。后来刘少奇在访问莫斯科回忆起这一段经历时说："为了学习十月革命的经验，1912年春，我和其他几十个青年团员，第一次来到你们的国家。我们从上海到海参崴，经过赤塔到莫斯科。那时候，海参崴还被日本军队占领着，远东共和国也还没有进行社会主义改革。从海参崴到莫斯科走了三个月，火车时开时停。当时火车本是烧木柴的，有时候还要乘客从山里去搬运木柴，火车才能继续行走。当时你们的国家处在革命后的最困难时期，我们看到了并且亲身经历了这些困难。我们当中有部分人对社会主义的信心发生了动摇，但是我们另一部分人对社会主义的信心却因此而更加坚定了。"

刘少奇一行到达莫斯科的时间恰逢共产国际第三次代表大会召开的期间。他们被安排旁听了会议，并且在会上见到了列宁，亲耳听到了这位历史巨人那极富感染力的演讲。随后，他们被安排进入莫斯科东方大学中国班学习，东方大学安排的学习内容主要是：马列主义的基本原理，如《共产党宣言》《共产主义ABC》，还有《国家与革命》《反杜林论》等；基础课有哲学、政治经济学；另外国际共运史、俄共党史以及关于工会运动的理论的小册子，都是所学的内容。

由于苏联刚刚打败外国武装干涉和结束国内战争，面临着恢复国民经济的严重任务。当时苏联的农业总产量只相当于战前的50%，工业总产值只相当于战前的1/6，物质供应极度紧张。因此，东方大学的学习条件并不好，生活尤其艰苦。这使得一些同学在思想上开始动摇，产生退学的想法，但刘少奇没有丝毫的不稳定的情绪，相反，他意志坚定，乐观开朗。他认为越是艰苦，越能磨炼人的革命意志。历史上担当大任的人，总是"先苦其心志，劳其筋骨，饿其体肤"。要想担当改造世界、解放全人类的大任，必须经得起任何艰难困苦的考验。他唯一愁的就是时间不够，只希望在这短暂时间内尽量多学一点儿马克思主义的理论和俄国革命的经验。东方大学开学不久，中国共产党在上海正式成立的消息传到了学校。刘少奇闻之兴奋异常，四处打听在校入党的途径。几次找到中国班的政治教导员，向他询问入党的手续。同时，他也反反复复地翻阅《共产党宣言》并问自己，是否真正了解了党的宗旨与任务，到底为什么要入党；对照《共产党宣言》，检查自己是否符合一个共产党员的条件。1921年冬，刘少奇与罗亦农、彭述之、卜士奇、吴芳等人首先由中国社会主义青年团团员转为中国共产党党员，加入东方大学支部，成为中国共产党最早的党员之一。次年，中共旅俄支部成立，刘少奇担任第一干事长，即支部书记。

成为一名中国共产党党员，是刘少奇人生历程的重要转折点，在这以后长达半个多世纪的岁月中，他把自己的全部智慧和精力，毫无保留地献给了党的事业。后来他讲道："在这样的情况下，在东方大学学了八个月跑回来了，也算取了经，取到的经不多就是了。当时我们学得不多，倒是我自己的革命人生观开始确定了。懂得组织上的一些东西，讲纪律、分配工作不讲价钱、互相批评、一切服从党，这些东西在我脑子里种得很深。"

1922年1月21日，共产国际远东局决定举行远东各国共产党及民族革命团体第一次代表大会以对抗美英等国召开的华盛顿会议，会议在莫斯科举行，刘少奇和其他一些东方大学的学员被派到了会议上参加工作。

第二章　革命实践中造就工运领袖

第一节　第一次工人运动高潮中经受考验

1922年春，在参加完共产国际召开的远东各国共产党及民族团体代表大会后不久，刘少奇等人被派回国内。刘少奇回到上海后，很快同在上海的党中央取得了联系，党组织把他分配到中国劳动组合书记部工作，中国劳动组合书记部是党的一大召开后为领导工人运动成立的领导机构。刘少奇在此期间还参加了重新组建社会主义青年团的工作。

1922年夏，中国共产党在上海举行第二次全国代表大会，刘少奇担任会议的工作人员。大会开了一个星期，通过了《中国共产党第二次全国代表大会宣言》《关于民主的联合战线的决议案》《中国共产党章程》《中国共产党加入第三国际议决案》等文件。大会选出中央执行委员会，推举陈独秀为中央执行委员会委员长。

会后，陈独秀找刘少奇谈话，准备派他回湖南去工作，并指定他担任中共湘区执行委员会委员。这样，1922年8月，按照陈独秀的指派，刘少奇回到了湖南，第一次同在此主持中共湘区特委的毛泽东见了面。在这次会见中，刘少奇向毛泽东传达了中共第二次全国代表大会的情况，并把陈独秀托他带来的文件交给了毛泽东。毛泽东向刘少奇介绍了湖南党组织的情况以及湖南的形势，他们也互相谈到了各自的学习和寻找人生道路的经历。

当时中共湘区委正在酝酿由湖南省学生联合会发起，成立湖南工学商各公团联合会，刘少奇立刻投入了这项工作。1922年8月17日，湖南工学商各公团联合会成立，李立三、易礼容、刘少奇、夏明翰、李六如等人任干事。联合会成立后，在8月20日组织了一次游行大会，提出省长民选的口号。游行大会公推李立三、易礼容、刘少奇等人为代表向湖南省议会交涉，递交请愿书，声明省长选举要尊重民意，反对武人、军阀为第一任省长。同年9月5日，刘少奇和李立三、易礼容一起出席长沙土木工会成立大会，并在会上做了演说，要求工人们团结起来，互相支持，互相声援。此时，毛泽东等人正在酝酿领导粤汉铁路工人举行罢工运动，刘少奇被派往长沙沿线配合行动。9月9日，粤汉铁路武汉至长沙段3000多工人全线罢工，要求当局撤换虐待工人的工头和提高工资，运动很快进入高潮。正在此时，刘少奇又被毛泽东调往安源领导更大的工人运动。

安源路矿地处江西省西部的萍乡县境内，与湖南相邻，是中国近代最大的工业企业汉冶萍公司的一部分，始兴于19世纪末，以同意让德国为矿山提供所需的全部机器设备和工程技术人员作为条件，由张之洞、盛宣怀以官督商办的名义向德国借款开办。1907年，盛宣怀将萍乡煤矿、汉阳铁厂以及大冶铁矿合并，成立汉冶萍铁矿有限公司，是当时中国最大的工矿企业，并完全改为商办，盛宣怀任总经理，实权则由日本人所掌握。安源路矿有矿工1.2万多人，铁路工人1000多人，自建矿以来，路矿1.3万多工人受着帝国主义、封建军阀和资本家多重剥削和压榨，过着非人的生活。工人每日劳动时间长达12小时，报酬却只有二十六七枚铜元，劳动保护、医疗卫生根本无人过问。挖煤工人使用的是岩尖之类的简陋工具，矿下通气设备极差，劳动一天后工人就不成人形，连吐出的痰也是一团团的黑痰。运煤工人更是整天弯腰曲背地拖着煤箕在巷道内爬出爬进，肩上膝下都磨得血迹斑斑，还经常有工人在瓦斯爆炸、塌顶、起火等事故中成批丧生，而死后只有16元钱的安葬费。

中国劳动组合书记部和中共湘区执行委员会，在着手开展工人运动时，从一开始就把安源路矿作为重点。当时江西还没有共产党的组织，而安源路矿历来又同湖南的关系十分密切，因此，这项工作由湖南党组织担负起来。毛泽东曾几次去安源了解工人情况，在1922年2月成立了由李立三任书记的中共安源支部，同年5月，又在工人中成立了安源路矿工人俱乐部，到9月俱乐部会员已经发展到700多人。在当时的粤汉铁路、汉阳铁厂工人罢工的影响下，安源工人也群情振奋，纷纷议论准备罢工。正是在此形势下，毛泽东把刘少奇调往安源参与领导罢工运动。1922年9月11日，刘少奇赶到安源，当时的路矿当局企图解散工人俱乐部，工人俱乐部决定反击，向路矿当局提出了包括清欠工人工资、保护俱乐部等三项条件，要求路矿当局于12日中午前给出答复。由于路矿当局没有按期答复工人的要求，12日晚，刘少奇、李立三等人经商议决定组织罢工委员会领导路矿工人大罢工，9月13日午夜12时，工人俱乐部向全路矿各处同时发出罢工命令。

由于事先准备充分，工人俱乐部的罢工命令得到了完满的执行。1922年9月13日当夜，由萍乡开往株洲的列车停开，为了防止意外，工人们还把火车头上的一些重要机件拆卸下来，机务处的工人把住路口，以便"次早不放进班号"。凌晨三时，俱乐部派人切断了矿局电源，于是运煤电车全部停驶。

随着罢工的开始，安源矿区也完全改变了面貌，工厂关门，矿井封闭，列车停驶，工人们在宿舍待命，纠察队员们手里拿着小旗在街市和工厂附近巡逻。各处墙壁上张贴着俱乐部的布告和标语，要求工人们"候俱乐部通告方准开工""各归住房，不得扰乱"。

由于工人俱乐部采取了一系列措施，整个矿区秩序井然。在安源街道和矿区的醒目处，还贴着《安源路矿工人罢工宣言》。《安源路矿工人罢工宣言》痛切陈述了安源工人的艰难处境，提出合情合理的十七条要求，因而得到了社会各界人士的同情。工人俱乐部同时将十七条要求递送给路矿两局，并特意声明："如欲调商，即请派遣正式代表由商会介绍与俱乐部代表刘少奇接洽。"

安源路矿工人大罢工的消息震动全国，中国劳动组合书记部发来声援电文，称："你们已经鼓舞着你们的阶级斗争的勇气，开始向惨无人道的资本家、官僚、军阀宣战了！我非常佩服你们的奋斗精神与作战的力量，诚恳地祝愿你们坚持到底而获得最后的胜利。"全国各地的许多工人团体和组织，也纷纷来电来函表示声援和支持。湖南、上海、北京等地的《大公报》《申报》《民国日报》《时事新报》等，都接二连三地报道安源路矿工人大罢工的消息。许多报刊都发表评论，热情支持和鼓励安源工人的正义行动。所有这些，都极大地鼓舞着安源路矿工人罢工的斗争决心。

面对安源路矿工人的罢工，路矿当局采取了软硬兼施的两面派策略，一方面向赣西镇守使、萍乡县署以及上海总公司分别告急，准备派军队进行镇压；另一方面又派商会代表前来表示可以进行协调，同时又通过总监工王鸿卿，布置各工头收买一部分工人上工，又在私下里悬赏600元密派暗探行刺罢工总指挥李立三。针对路矿当局的这些行径，刘少奇和工人们毫不屈服，在1922年9月16日，他不顾个人安危只身前往戒严司令部同路矿当局进行谈判。刘少奇的行动得到了广大工人的支持，大家为了他的安危，纷纷前往戒严司令部外给予声援，迫使路矿当局和戒严司令部不敢对刘少奇做出伤害的事。此后，经过9月17日和9月18日的谈判，终于迫使路矿当局屈服，承认工人俱乐部有代表工人的权利，开除工人须有正当理由，罢工期间工资照发，每月津贴俱乐部200元，工头不得殴打工人，增加工人工资等，工人俱乐部提出的条件几乎全部实现，坚持五天的大罢工取得了完全胜利。

这次安源路矿工人大罢工，其规模之大、参加人数之多，且未伤一人，未败一事，而得到完全的胜利，这的确是中国工人运动史上罕见的。工人俱乐部因此旗帜大张，工友们争先恐后地纷纷加入工人俱乐部，进一步壮大了组织起来的工人阶级的声势。

在这场大罢工中，由于刘少奇在领导和指挥罢工运动中所表现出的机智勇敢，以及正确运用斗争策略的才能，使他深得工人群众的信任、爱戴和拥护。罢工胜利后，安源工人们编了一首题为《劳工记》的歌谣，在群众中传唱。其中，"明知山中出猛虎，岂肯贪生又怕死。偏偏要向虎山行，贪生怕死枉为人，少奇下了坚决心，特到安源办工运。任他把我为甚难，不畏汤火与刀山"，"少奇同志好胆量，我往矿局去一趟。代表全体众工人，见机而作把事行"。安源工人大罢工的胜利，有力地推动了全国劳工运动的高潮，同时，也使刘少奇在工人运动的实践中更加成熟起来。

第二节　工运领袖 革命伉俪

一、在工人运动纵向发展中积累斗争经验

安源路矿大罢工的胜利，在推动全国高涨的工人运动的同时，更是对华中地区的工人运动产生了直接的影响。后来，在全国工人运动低潮时，唯独安源成为工人运动低潮时期"硕果仅存"的"世外桃源"。安源罢工胜利后，党组织领导工人及时总结经验，扩大胜利成果。1922年10月，安源路矿工人俱乐部进行了改组。选出了李立三为俱乐部总主任，刘少奇为窿外主任，朱少连为路局主任，余江涛为窿内主任，并委任各股股长7人，俱乐部部员也发展到1.2万人，党团组织也得到了迅速发展。不久之后，李立三因为工作需要调走，刘少奇就当选成为安源路矿工人俱乐部总主任。后来，随着斗争形势的发展，刘少奇还担任了汉冶萍总工会委员长。工人运动的实践，极大地丰富了刘少奇的斗争经验。与此同时，毛泽东也到达安源召开党的干部会议，对安源罢工胜利后的工作做进一步指示。

1923年2月7日，北洋军阀吴佩孚在帝国主义的支持下，

对京汉铁路罢工的工人进行了血腥的镇压，制造了震惊中外的"二七惨案"。此后，北洋军阀的统治更加黑暗，更加残酷。中国刚刚兴起的工人运动也遭到了严重的挫折。在这种形势下，安源路矿工人俱乐部成为各路军阀与资本家的"眼中钉"，他们准备对其进行反攻倒算，企图取缔俱乐部。在此风雨飘摇之际，毛泽东来到安源，与刘少奇等人召开会议讨论，对"二七惨案"后的斗争做出部署。刘少奇按照这一部署，一面严格约束部分工人的过"左"行动，以守为攻，在工人俱乐部周围团结起一大批坚定的工会积极分子，使得敌人知难而退，未能对俱乐部采取封闭行动；另一方面，他还审时度势，不失时机地带领工友们向路矿当局发起了有理、有利、有节的新斗争，在一些具体问题上迫使资本家们屈服。这一年的6月，刘少奇针对利用路矿当局以给少数人加工资为手段来分化工人队伍的企图，因势利导，成功地组织了工人们的罢工行动，不仅给工友们争得了部分经济利益，而且也为俱乐部争取到了每月1000元的教育经费。在刘少奇的正确领导下，不仅使俱乐部转危为安，而且俱乐部工人争取到了额外的利益。在这一斗争实践中，刘少奇很快地成熟起来。随着安源工人运动后来的步步胜利，刘少奇的声望日隆，逐渐成为全国著名的工运领袖。

二、革命伴侣

在刘少奇事业逐渐成功之时，他也迎来了人生的另一半，1923年4月，刘少奇与湖南姑娘何宝珍喜结良缘。

刘少奇与何宝珍，相识于长沙清水塘毛泽东家。何宝珍出生在湖南道县城关镇一户小商贩家庭，家中有兄妹三人。因为家境贫困，妹妹很小便被送给别人做养女。何宝珍自幼聪明好学，1914年，她被父亲送进县立女子小学读书。该校校长蒋松甫见她聪慧俊秀、成绩优异且家境困难，便以十亩田和免费读书为聘礼，使何宝珍父母同意将其许配给自己的侄孙为妻。何宝珍对这桩婚事心里十分不满。她一心学习，于1918年秋，以优异的成绩考入衡阳第三女子师范学校。从此，这个苦命的女孩便一举飞出了道县的山沟沟，奔向了个性解放和自由的天地。1919年五四运动以后，毛泽东多次到衡阳进行革命活动，在学生中进行宣传和演说，何宝珍受到了很大影响，很快成为学生运动的带头人。1912年，她在女子师范学校首批加入社会主义青年团，还被选为支部负责人和湖南省学生联合会委员，同年9月，何宝珍因领导学潮而被学校开除，无处容身，经该校中共党组织负责人张秋人与湘区委员会联系，被毛泽东和杨开慧收留，到自修大学学习。1922年10月，安源工人大罢工胜利后，经杨开慧向刘少奇介绍，热情活泼的何宝珍被安排到安源路矿子弟学校和补习学校任教，并在工人夜校初级班兼课，同时还兼任俱乐部书报科委员。在刘少奇的领导下，何宝珍的工作干得非常出色。她经常运用图片、讲演、辩论会等各种教学方法，向工人灌输文化和政治知识，提高工人的文化水平和思想觉悟，深受广大工友的欢迎和尊重。

在安源路矿工作中朝夕相处，更加增进了何宝珍和刘少奇之间的相互了解。刘少奇十分同情何宝珍的苦难身世，欣赏她不畏惧封建势力，奋不顾身追求自由、解放和革命的精神，喜欢她聪明、能干、刻苦、努力的性格。何宝珍知道刘少奇在列宁的故乡留过学，是一位有文化知识、有马克思主义理论水平的有为青年。特别是刘少奇在安源工人大罢工中表现出来的高超胆略，更使何宝珍倾倒。于是，在为工人阶级解放事业而奋斗的火热斗争中，两颗年轻的心越来越近了，对未来理想的追求使他们难舍难分，两个人终于倾吐了心声。

1923年4月中旬的一天，刘少奇与何宝珍在安源路矿工人俱乐部举行了婚礼。朴实的工友们纷纷前来，为新人贺喜。婚礼办得简单而又热闹，一改当时的种种旧风俗，不办酒席，不收礼物，不拜天地，只开了一个欢乐的茶话会。这场移风易俗的婚礼，在工人群众中被传为佳话。

他们的结合，使两个有着共同理想与信念的年轻人，在革命的道路中风雨共行。在聪慧贤良的何宝珍的帮助下，刘少奇可以把更多的精力放在工作上，使得安源工人的斗争成效显著：粉碎了当局的阴谋后，工人俱乐部在组织上更加健全；为了提高工人的文化水平和福利待遇，开办了七所工人学校、五个工人读书处、一个工人图书馆、二个消费合作社；刘少奇还领导中共安源党组织开办了党校。党校分为初级班和高级班，培训工人和学生中的革命积极分子。安源工人的党校，是中国共产党历史上开办最早的一所党校。

何宝珍和刘少奇成婚后，不论是在与资本家交锋的紧张岁月里，还是在为工人操办实事的忙碌日子里；不论是在为完成党交给的任务走南闯北时，还是在敌人白色恐怖下出生入死时，两人都共同战斗、始终不渝。直到1932年何宝珍在上海不幸遭国民党反动派逮捕，他们才被迫分离。在敌人的牢房中，何宝珍英勇斗争，坚贞不屈，最后壮烈牺牲。牺牲时，年仅32岁。对于何宝珍，她的一生是短暂的，也是灿烂的，她用自己独有的方式为革命奉献了一生。

何宝珍牺牲后，凡是熟悉她的同志，无不感到深切悲痛。对于她的一生，刘少奇有这样的赞语："英勇坚决，为女党员之杰出者。"虽然，天妒良缘，何宝珍英年早逝，留下许多遗憾。但她也给今天的人们留下了一个为自己的信仰、为人民群众美好明天而努力奋斗的革命先驱的楷模形象。

三、领导各地革命 显示工运领袖风采

在安源的工作步入正轨后，1925年的春天，刘少奇离开安源，踏上了新的旅途。他先到上海，后到广州，为筹备第二次全国劳动大会而忙绿。连续两个月的准备，1925年5月1日，全国第二次劳动代表大会终于在当时的革命中心——广州举行。这是一次组织全国工人阶级大军，向帝国主义、军阀和资本家宣战的动员大会。大会总结了三年来工人运动的经验、策略和教训，提出了在新的形势下工人运动的方针和策略。大会通过了由刘少奇主持起草的《中华全国总工会章程》等文件和决议，宣布正式成立中华全国总工会。中华全国总工会，代表166个工会，共拥有有组织的工人54万，是一次中国新兴工人阶级力量的大检阅。

全国第二次劳动大会还选举林伟民、刘少奇、苏兆征、邓中夏等25人为首届中华全国总工会执行委员。在第一次执行委员会会议上，林伟民当选为委员长，而初出茅庐的刘少奇，由于亲自领导安源工会、汉冶萍总工会和筹备劳动大会以来成绩卓著，表现出不凡的领导才干，被执委会一致推选为总工会副委员长，成为全国工人运动的领袖。此时，刘少奇还不到27岁。根据第二次全国劳动大会的决定，中华全国总工会设在广州，并在上海设立办事处。刘少奇认为，上海是中国工人阶级最集中的地方，加强对这里工人运动的发动、组织和领导，对全国工人运动的发展，具有极其重要的作用。大会闭幕不久，刘少奇即受总工会的委托，赴上海组织总工会办事处，并负责指导上海和北方的工人运动。

1925年5月下旬，刘少奇匆匆赶到上海，着手组织办事处的工作。这时，中共中央又通知他马上赶往青岛，具体指导青岛四方机车厂1.5万工人的大罢工。接到通知后，刘少奇立即动身北上，赶往青岛。刘少奇到达青岛四方机车厂时，这里的工人大罢工刚刚结束。他立刻深入到工厂工友群众中调查了解情况，召开骨干会议，强调罢工胜利后必须加强工会的组织和思想建设，使工会成员扭成一股绳，随时准备对付敌人的反扑。他告诫工会领导人说："统治青岛的日本帝国主义是恶狼，中国军阀是帮凶、走狗，他们是绝不会放松对工人们的统治和压迫的，大家要提高警惕！"

刘少奇在青岛四方机车厂组织工人们严阵以待，在准备粉碎帝国主义和军阀的反攻之时，上海方面又传来了由于日本纱厂资本家枪杀工人顾正红而引发工人大规模罢工的消息。中共中央急电刘少奇火速返回上海，加强对这场反帝斗争的领导。刘少奇告别了刚开始共同战斗的青岛工人，匆忙赶回上海。

就在刘少奇从青岛起程赴上海的途中，帝国主义屠杀中国人民的"青岛惨案"和"五卅惨案"在青岛和上海接踵发生了。在青岛，正如刘少奇所料，1925年5月29日，日本资本家勾结山东军阀张宗昌，对四方机车厂等工厂的工会和工人进行疯狂的镇压，打死打伤工人数十人，工会被查封。1925年5月30日，在上海4000多工人和学生走上街头，为抗议帝国主义屠杀工人的暴行举行游行示威活动。当示威游行的队伍行至老闸捕房前时，遭到英帝国主义军警的镇压，当场被打死13人，重伤数十人。英日等帝国主义肆意枪杀无辜中国同胞的暴行，激起了中国人民的无比义愤，一场大规模的以上海为中心的反帝运动爆发了，这就是震惊中外的"五卅运动"。

1925年6月初，刘少奇风尘仆仆地赶回上海时，有五十余万人参加的罢工、罢课和罢市斗争已经风起云涌。大街小巷里，贴满了反对帝国主义的标语；游行、示威、宣讲和募捐的人流，挤满了车站、码头和市区主要街道；工厂关门，商店停业，车马断绝，轮渡不通。与广大爱国同胞"三罢"斗争形成严重对峙的另一种景象则是：在帝国主义控制的租界内，巡捕遍地，密探往来，荷枪实弹的军警杀气腾腾，将枪口对准了愤怒的中国同胞。亲临斗争第一线，目睹了眼前的一切，27岁的中华全国总工会副委员长心潮澎湃，他既对帝国主义的嚣张气焰和残暴径义愤填膺，又为广大爱国群众的革命热情而倍感鼓舞。从安源走向上海，刘少奇还是第一次参加领导这样规模巨大的群众斗争。如何站在运动的前面，将这场波澜壮阔的群众斗争引导向胜利？他冷静地思考着，同时也感到了肩上的责任重大。

这场大规模的反帝爱国斗争，从一开始就是在中国共产党的领导下进行的。在惨案发生的当晚，中共中央召开紧急会议，做出应急反应，决定把斗争的范围不断扩大。1925年6月1日，上海总工会公开成立，发表宣言和告全体工友书，宣布要为反对帝国主义屠杀中国人民而举行总同盟罢工。在上海总工会的号召鼓动下，不仅工人，还有上海的学生、商人都加入到这一运动中来，使得斗争声势空前浩大。

回到上海后，刘少奇马上投入到繁忙的斗争中去。他被任命为上海总工会总务主任，后来，由于上海工商学联合会成立，而李立三作为总工会代表参加联合会领导工作，上海总工会的具体领导工作便由刘少奇承担了。此时，在闸北路宝山路2号门口，挂着一块"上海总工会"的牌子，这就是领导上海数十万工人开展斗争的中枢。五卅运动以来，这里作为上海工人罢工的"前敌指挥部"，整天人来人往，电话铃声不断，刘少奇和其他工会领导人就是在这里不分昼夜地忙碌着。

1925年6月中旬，正当上海人民的"三罢"斗争进入高潮时，上海总商会在帝国主义的压力下，打算提前开市。商会的行动，破坏了有关各方共同达成的统一反帝斗争协议，使上海总工会面临着一场严峻的考验。在6月20号晚上，上海香山路同乡会的会议室内，灯火通明，人声鼎沸，上海总工会在这里召开全市各行业工会代表会议，紧急研究和部署对于商会宣布开市的对策。刘少奇主持了会议，会议上各行业工会代表都谈了自己的意见。针对斗争中反映出来的各种思想和问题，刘少奇做了系统而详细的发言。他指出："总商会是代表上海买办大资产阶级利益的，它的立场始终站在反对工人的一边；而马路商界联合会则是代表中小民族资产阶级利益的，它在斗争中往往动摇不定。唯有工人阶级才是这场运动的主力，工人必须与广大学生、农民、中小商人团结一体，组成联合阵线，才能取得斗争胜利。"刘少奇的讲话，道理清晰明白，分析精辟透彻，给代表们以很大的启示和鼓舞。代表们经过商议，决定按照刘少奇提出的会议内容行动，这维持了斗争统一战线的继续进行，瓦解了敌人分裂统一战线的阴谋。在罢工进入两个月后，根据斗争双方情况的发展，中共中央审时度势，做出了改变斗争策略、有条件复工的决定。按照党中央的决定，8月10日，李立三、刘少奇召集上海总工会会议，提出复工的9项条件，并以宣言的形式公告社会。虽然复工充满阻碍，但刘少奇毫不畏惧，镇定自若，认真进行反击，最终使工人们有序地进行了复工。

五卅运动以来，在中国共产党的领导下，上海总工会组织上海二十多万工人坚持罢工斗争达三个月之久，沉重地打击了帝国主义、封建军阀和买办势力，掀起了中国新民主主义革命时期第一次大革命的高潮。在这场声势浩大、波澜壮阔的反帝爱国运动中，刘少奇这位年轻的中国工人运动领袖，在展示自己的领袖风采的同时也得到了更大的锻炼，也为他以后进行更艰难的工作奠定了基础，积累了经验。

随后，刘少奇由于身体原因，经中共中央同意，他带着妻子何宝珍到湖南养病。从紧张的反帝爱国斗争前线返回家乡，告别了大都市的喧闹，摆脱了军阀政府的缉捕，刘少奇虽然感到如释重负般的轻松，但是，工作的责任心迫使他把注意力投向了湖南的革命运动。回到长沙后，刘少奇立刻与湘区党组织取得了联系。他不停地忙碌着，与昔日的战友们一一交谈，详细了解湖南共产党的活动和工会活动的情况，走访自己过去熟悉的几位同乡故旧，全面掌握了湖南军阀赵恒惕统治下的湖南的各方面情况。这种忙碌的情况，比起在上海领导工人罢工斗争，一点儿也不逊色。在这种充实而又娴静的生活中，却平地起雷声。1925年12月16日中午，几个便衣特务突然闯进文化书社，不由分说地将刘少奇抓走，并关押到长沙戒严司令部。这一逮捕行动，是湖南省省长、反动军阀赵恒惕一手策划的。原来，赵恒惕得到刘少奇回长沙活动的密报后，十分惊恐，因为这时的刘少奇已是著名的受全国人民推崇的工人运动领袖，他生怕这位著名的工人领袖会在长沙掀起新的革命浪潮，于是，便下令逮捕了刘少奇。但是，赵恒惕万万没有料到，抓了一个刘少奇，竟使自己陷入了内外受责、四面挨骂的境地。在刘少奇被捕后，中共中央立即采取营救措施，在中共党组织的指示下，刘少奇的夫人何宝珍、哥哥刘云庭更是四处奔走，千方百计地调动和利用各种社会关系，全面展开营救行动。他们先后动员了许多湖南上层人物出来说话、担保，其中有刘少奇儿时旧友、长沙禁烟局局长洪赓扬，赵恒惕部下的将领叶开鑫、贺耀祖，湖南省议会议长欧阳振声等。一时间，在省会长沙，省内要人们为营救刘少奇而频频活动。最终，在1926年1月26日，刘少奇在各方面的努力下，终于获得了自由。为了顾全面子，摆脱尴尬的局面，赵恒惕假惺惺地将一册《四书》转交给刘少奇，并限令他5天内离开湖南。湖南军阀赵恒惕这一自打嘴巴的举动，被当时的报纸嘲讽为"最滑稽"的一件事。身陷囹圄一个多月，刘少奇始终镇定自若，坚贞不屈。经过52天的监狱生活考验，使他更加认清了国内大大小小军阀们的狰狞面目，他们与帝国主义是一丘之貉，这更加坚定了刘少奇参加革命的决心。

在与亲人的短暂相聚后，刘少奇又携其妻何宝珍踏上了去往上海的征途。1926年2月19日，刘少奇在党中央的安排下来到全国革命的中心——广州。刘少奇参与筹备、主持召开全国第三次劳动大会，并和邓中夏、苏兆征、林伟民等领导已坚持了8个月的省港大罢工。同年10月10日，北伐军攻克武昌，武汉地区革命形势的发展和国民政府从广州迁都武汉，使武汉成为当时全国革命的中心。党为了加强武汉地区的工作，抽调了大批干部去开展工作，随后，刘少奇离开广州去武汉，为"全总"迁武汉做准备，并参加领导武汉地区的工人运动。到达武汉后，刘少奇与当时担任全国总工会执行委员会委员的李立三一道，首先成立了全国总工会汉口办事处，接着又在汉口宁波会馆召开了湖北省总工会成立大会。此后，武汉地区、湖北全省的工人运动出现了一个新的高潮，对全国工人运动的发展产生了重大的影响。在刘少奇领导武汉工农群众扩大反英反奉时，发生了"一三惨案"，这成为武汉工农群众奋起收回英租界的直接原因。惨案发生后，刘少奇先后召开两次会议，随后领导学生及社会各界进行规模宏大的游行示威，掀起了声势浩大的反帝爱国运动。工人运动在刘少奇等工运领袖的领导下，在社会各界的压迫下，英帝国主义终于妥协退让，被迫于1927年2月19日与武汉政府签字，将汉口英租界交还中国。英租界的收回不仅洗刷了帝国主义强加给中国的耻辱，也是刘少奇在大革命时期领导武汉工人运动和他一生伟大革命实践中光辉的一页。1927年4月27日 年 至 5月9日，中国共产党在武汉召开了第五次全国代表大会，到会的代表有80人，代表了全国57900多名党员。这次会上刘少奇被选为中央委员。1927年6月，刘少奇参与主持召开了第四次全国劳动大会，代表全国总工会做了《全国总工会会务报告》，当选为全国总工会执行委员会委员。7月，刘少奇离开武汉去庐山养病。10月离开庐山到上海，参与中共中央职工部的领导工作。

在这近两年的时间里，刘少奇辗转各地，到革命中心去领导工作，促进了革命趋势的良好发展，扩大了在社会群众中共产党的影响力，更展示了他革命工运领袖的风采。

第三章　在逆境中奋斗 在白区中斗智

第一节　走上白区战线

一、在天津

1928年初，刚到上海不久的刘少奇被通知参加一个秘密会议，原来这个会议是为了即将召开的第六次全国代表大会征集关于党的政策、方针的意见。在会上，刘少奇坦诚地表示，八七会议后，中央虽然组织了若干次暴动，但对暴动的具体指导很不明了。因此，应当加强对各地暴动的具体组织和领导。关于对目前局势的估计，刘少奇不同意那种一味认为革命形势还在继续高涨的看法。刘少奇认为依乡村看来是高涨的趋势，依城市看来是低落的趋势，因此，中央应当注意到城市和农村中发生的这种不平衡现象，有区别和重点地加强领导工作，以迎接革命高潮的到来。

的确，经历了"四一二"和"七一五"两次国民党右派反革命政变的浩劫，轰轰烈烈的革命形势急转直下。北伐革命的成果，被以蒋介石为首的新军阀所窃取，共产党人血流成河。然而，就是在这极端困难的条件下，中国共产党人也没有向反革命势力妥协，他们在总结历史经验、清算自身错误的同时，拿起武器、组织军队，同国民党反动派展开了一场土地革命战争。在这一长达十年的国内革命战争时期，中国共产党始终在两条战线上同敌人进行着不屈不挠的斗争：一条战线是武装反抗国民党政权，建立红色革命根据地；另一条战线是在国民党统治区内发动群众，积蓄力量，支援土地革命战争。这两条战线，一明一暗，相辅相成，共同书写了中国共产党领导人民求解放的浴血奋战历史。而刘少奇，则是中国共产党在白区工作战线上的优秀工作者和杰出领导者。

1928年3月，中共中央为了更好地推动北方地区的工人运动，决定派刘少奇以中华全国总工会特派员的身份，参加全国铁路总工会和天津、唐山总工会的领导工作。同时，中央还决定派刘少奇以中央委员的身份指导中央顺直省委的工作。历史上北京曾被称为顺天府，而河北又称直隶省，所以，在20世纪初叶，人们习惯把北京市和河北省称为顺直。顺直省委，是中国共产党在华北地区的主要领导机构，它除了主要领导北平、天津、河北地区的党组织外，还兼管着山西、察哈尔、绥远、热河、豫北、陕北等整个北方地区的党的秘密工作。

接受任务后，刘少奇以一身商人的打扮，告别了江南城市上海，来到了春寒料峭的天津。天津，是华北地区的重要港口城市，也是北方最大的商业中心，是中国共产党领导北方工作的中枢机构，顺直省委和全国铁路总工会就设在这里。刘少奇刚到，就以一丝不苟的态度投入到顺直的工作中去。1928年5月，根据工作的需要，中共中央又决定派刘少奇参加顺直省委常委会工作。就当时的情况而言，在中共中央领导的各个地方机构中，顺直省委是问题比较多的一个。原来，1927年5月，为筹建中共顺直省委，中央代表与天津当地的代表在一些问题的看法上没有形成共识，后来这种分歧又没有得到及时弥合。这种情况在8月彭述之任省委书记后更加严重。因此，中共中央派刘少奇来解决这种问题，以更好地发挥顺直省委这一机构的功能。刘少奇刚到时，顺直省委一些同志心存疑虑："中央又派钦差大员前来，是否要改组省委？中央给的经费那么少，顺直省委的工作能维持下去吗？"针对顺直省委中一些人的怀疑情绪，刘少奇耐心地开导大家："中央虽然远在千里之外，但是，一直都对顺直省委十分关心，希望这里的同志们能够和衷共济，共同担负起领导北方工作的任务。"关于经费问题，刘少奇坦诚地说："目前中央在经济上十分困难，我们大家应该体谅。同时，我们作为下级机构，不能只坐在那里等着伸手去要，还应该广开财路，寻找解决问题的办法。"对于省委中个别人煽动干部、诘难中央的错误行为，刘少奇做了严厉的批评。在刘少奇的努力工作下，顺直省委的一些同志打消了顾虑，开始实事求是地正视自己的问题。

在顺直省委工作和调查的几个月中，刘少奇以深入、细致和扎实的工作作风，弄清了那里存在的若干问题，稳定了干部队伍的情绪，为中共中央处理顺直省委的问题奠定了基础。同年8月，即刘少奇到天津工作的三个月后，根据中共中央新的指示，陈潭秋、刘少奇、韩连惠组成了"中央处理顺直问题特派员机构"，主持中共顺直省委并领导北方地区的工作。随后三人共同努力，积极开展北方地区的工作。在将近一年的时间里，刘少奇完成了党中央交予的任务，于1929年春，返回上海。

二、在东北

回到上海不久，刘少奇又接受了中共中央交给他的另一个重要任务。1929月6年4日，中共中央政治局召开会议，决定派刘少奇赴奉天，出任满洲省委书记，领导整个东北地区的革命斗争。接受任务后，刘少奇和夫人何宝珍，于7月初，踏上了前往东北的征程。

满洲，是中国东北辽宁、吉林、黑龙江三省的旧称。这是一块富饶而美丽的土地，它那丰富的矿藏和农业资源，成为掠夺者垂涎和占有的首选目标。20世纪20年代末，满洲处于军阀和日本帝国主义的控制下，人们过着水深火热的日子，这在加剧矛盾升级的同时，也有利于革命运动的发展。但革命同样也处于危险中，这也是党中央派刘少奇去满洲的原因。

1929年7月14日的傍晚，奉天火车站，一列来自关内的客车刚刚到站，在下车的旅客中，有一对青年夫妇正缓缓地走出车站。走在左边的男士，身材修长，瓜子形的脸上棱角分明，两眼炯炯有神。走在右边的女士，头戴一顶白色小帽，一副大家闺秀的打扮。这一对年轻夫妇，就是刚从上海抵达东北的中共满洲省委书记刘少奇和他的妻子何宝珍。

20世纪20年代末的东北，处在帝国主义和封建军阀的双重压迫之下，广大劳动人民备受煎熬，苦不堪言。奉天的街头，到处都是衣衫褴褛的市民。孤儿寡母，露宿陋巷，到处都充斥着要饭的人群。萧条的街市上，呼啸的警车狂奔而过，军警的马蹄践踏在铅灰色的马路上，发出令人心颤的击打声。目睹着眼前的这一幕幕情景，刘少奇心情十分沉重，深深地感到肩上的责任重大。

初到奉天，刘少奇和满洲省委取得联系后，便全身心地投入到了工作之中。作为一个富有经验的领导者，上任伊始，刘少奇马上开始了解各方面的情况。1929年8月20日，刘少奇主持召开了省委会议，会上分析了东北的时局，决定先进行工人罢工运动。当时，奉天纱厂正在酝酿罢工运动，由于奉系军阀势力的削弱，奉天纸币越来越不值钱。时值夏末，秋粮还没上市，粮价飞涨，工友们的生活非常困难。当时，负责奉天市工作的满洲省委常委孟坚，在同纱厂党支部领导和工人积极分子研究后，决心举行罢工，通过斗争改善广大工人的生活状况。一切准备工作，都在秘密的状态下进行着。

听完孟坚关于组织纱厂工人罢工的工作汇报后，刘少奇思索片刻，一连向他提出了几个问题：厂里工人队伍的情况怎样？工人们的情绪如何？罢工的条件是什么？发动罢工的方法、步骤是什么？刘少奇问得十分详细，对罢工的各个环节以及可能出现的大小问题都一一提及，这下可把孟坚问住了。对于这些问题，孟坚有的初步设想过，有的甚至连想都未想过，所以根本答不上来。见此情形，刘少奇从椅子上站起来，在屋内来回踱着步子，以和蔼的语调问孟坚："你过去搞过罢工没有？"孟坚摇摇头答道："没有搞过。"一听此言，刘少奇若有所悟地点了点头，诚恳地说："那么好吧，下一次纱厂支部开会，我同你一道去参加。"

几天后，刘少奇按计划前往纱厂开会。奉天纱厂，坐落在比较偏僻的郊区，周围一片荒凉，一些零散的坟堆夹杂在小树林中。下午6点左右，一个头戴礼帽、身穿长衫的教书先生来到纱厂门外的小树林中，他就是孟坚。大约一刻钟之后，一身工人装束的刘少奇也来了。他们会合后，便等待着纱厂工人下班。然而，时间一分分地过去，眼看已经超过了下班的时刻，可纱厂的大门依旧关得死死的，不见一个工人出来。见到这种情形，刘少奇立即警觉起来，但为时已晚，从工厂里冲出来的警察，不由分说就把他们给逮捕了。在这次行动的过程中由于叛徒出卖，刘少奇再次入狱，但最终他凭着无人知晓的条件以及聪明的头脑安全脱身。出狱后，刘少奇根据中共中央的决定又投入到新的斗争中去。

1929年9月下旬，中共中央指示满洲省委：应该把中东路问题看作满洲党组织当前最严重的政治任务，其他的任务必须附属于这个政治任务之下，一切工作必须与这个政治任务联系起来。所谓的"中东路问题"，就是东北当局实行亲帝反苏政策，借以排斥苏联的影响的问题。中东路，称为"中国东北铁路"，它包括满洲里-哈尔滨-长春、哈尔滨-绥芬河两段铁路，这两段铁路是19世纪末20世纪初，沙俄利用同清王朝签订的不平等条约而强行在东北修筑的。铁路修好后，沙俄还独占了经营权。1924年以后，苏联政府清除了盘踞在中东路的沙俄残余势力，并与中国签订协定，废除原来的不平等条约，中苏两国共同管理并经营铁路。然而1929年7月，国民党政府单方面撕毁了协定，策动东北当局以武力夺占中东路，排斥苏联人员，妄图消除苏联及其十月社会主义革命对中国的影响。1929年8月，中国东北当局与苏军发生军事冲突，东北军惨败。东北当局的这一政策，理所当然地遭到中国共产党的反对，因此，在中东路问题上发动群众，同东北当局展开针锋相对的斗争就成了满洲省委的重要工作。为了就近指导中东路工人们的斗争，刘少奇于9月底到达哈尔滨。

哈尔滨，在满族话中是"晒网场"的意思。早期，这里是满族人聚居的小渔村。因地处松花江边，得水陆交通之便利，日久天长，便发展成为东北地区的大城市。在这座久经殖民统治、充满异国情调的繁华城市中，不仅有帝国主义侵略势力的猖狂活动，而且聚集着中国各派反动势力。此时，铁路已由东北当局全面接管，苏联职工被赶走，大批声名狼藉的白俄分子混进铁路，中国工人的待遇大幅度下降。全路上下，矛盾重重，怨声载道。

鉴于这种形势，刘少奇立即组织力量，开展工作。在深入基层、了解情况后，刘少奇发现，原来是在中共的哈尔滨省委内部，由于意见不一造成了工作的不利局面。于是，在哈尔滨的组织会议上，刘少奇公开支持郭隆真等人的正确主张，他指出："在目前白色恐怖十分严重的情况下，不宜立即组织游行示威，而应该利用怠工的形式进行斗争。要坚决反对那些只顾个人利益而拼命工作的小资产阶级意识，应向当局提出保障工人切身利益的要求。"刘少奇这种对症下药的解决办法，收到了成效。在刘少奇富有成效的领导之下，中共哈尔滨地下党组织终于统一了认识，采取了正确而稳妥的斗争步骤，使得工友们的斗争逐步走向高潮。在工人运动的带动下，东北各地的农民运动和学生运动也有了发展。

三、坚持实事求是原则

1930年3月下旬，刘少奇离开东北，回到上海。刘少奇来到上海以后，一面总结中东路工人斗争的情况，一面领导上海的工人群众同反动派做斗争。但是同年5月，·中国形势发生了变化，蒋介石同冯玉祥、阎锡山等军阀之间爆发了空前规模的军阀混战。为了争夺这场战争的主动权，蒋介石、冯玉祥、阎锡山等各方都全力以赴，前方交战的兵力达100多万，后方暂时显得空虚了。军阀混战的形势本来是革命力量发展的一个有利时机，但是，李立三等人过分夸大了当时的有利形势和革命力量，认为夺取全国的胜利已经不远了，共产党内以李立三为代表的"左"倾错误又恶性发展起来。[1]

但是刘少奇并不赞成这个观点，刘少奇认为中国的工人运动应该从中国的实际出发，实事求是。他在莫斯科参加国际会议期间，也坚持中国的革命斗争要从中国的实际出发这一

---

[1]冯世平：《刘少奇的故事》，红旗出版社1998年5月版，第116页。

原则。1930年7月，刘少奇到达莫斯科以后，以中国工会代表团团长的身份出席了赤色国际第五次代表大会。会议选举第五届赤色国际执行局时，刘少奇当选为执行局委员。大会闭幕以后，刘少奇作为中国驻职工国际的首席代表，留在莫斯科，参加赤色职工国际的工作。在中国，赤色工会是指中国共产党领导的工会。黄色工会是指第一次国内革命战争失败以后被国民党所控制的工会。刘少奇在赤色职工国际工作期间，在对待黄色工会的斗争策略问题上，同国际执行局的同志发生了意见分歧。刘少奇在莫斯科工作期间，每天都十分忙碌。1931年3月31日，共产国际执行委员会举行第十一次全会第九次会议，刘少奇出席了这次大会。会上，曼努伊尔斯基做了报告。会议代表在讨论曼努伊尔斯基的报告时，刘少奇结合中国革命的实际情况做了长篇发言。刘少奇的发言表明了他对中国革命、特别是工人运动的系统思考。刘少奇从中国革命的实际出发提出的这些思想，对中国工人运动的发展具有促进意义。刘少奇虽然在莫斯科工作，但他心里时时刻刻都在关心国内革命的发展状况。

第二节　在困境中奋斗

中国共产党自1921年成立到1935年遵义会议前，在这14年中，出现过多次错误路线占据统治地位的情况。由于党还处在幼年时期，党内还没有形成成熟的领导核心，加上共产国际脱离中国实际的错误指导，使中国共产党在进行革命斗争中，经历了许多曲折和风险，使革命事业遭受到了严重损失。刘少奇在与党内"左"倾路线做斗争中，曾遭受过不少挫折和打击。特别是在20世纪30年代初，一直在逆境中坚持奋斗。

在1931年的秋天，刘少奇离开莫斯科返回上海，担任中共临时中央组织部部长、中华全国总工会组织部部长。面对日本对上海的侵略，蒋介石的不抵抗政策，上海的工人群众群情激愤，掀起抗日救亡高潮。刘少奇在总罢工的第一线，领导工人群众开展各项工作，以配合国民党爱国将领以及爱国人士的抵抗运动，并在斗争中总结经验，以更好地指导其他工人运动。由于刘少奇对当时党内的"左"倾错误的抵制，1932年3月14日，中共临时中央政治局开会讨论工会工作问题时，临时中央负责人转达了共产国际的一条指示："刘湘（刘少奇）不能担任领导工作。"再加上王明等人的故意陷害，刘少奇被撤消了职工部部长的职务。面对王明的打击，刘少奇仍然坦然面对，表现出了一个共产党员应有的坦荡襟怀。在撤销职务后，刘少奇来到工联工作，在这里，他没有惧怕当时党内的"左"倾教条主义的打击，依然坚持自己的观点，认真工作。

1932年冬天，刘少奇离开处于白色恐怖中的大城市上海，来到中央革命根据地——江西。当时，刘少奇的主要工作是领导职工运动，后来又担任福建省委书记。隆冬季节，蒋介石下达命令，赣粤闽边区"剿匪"总司令部迅速组织国民党军队，对中央苏区进行第四次大规模围剿。当时，中央革命根据地反围剿的形势十分严峻，面对敌人的强大阵容，我军人数寡的局面，为了夺取反围剿斗争的胜利，党中央提出了"一切为了前线胜利"的口号，其中的一项工作就是动员工人、农民参军扩大红军队伍。刘少奇非常重视这个号召，到车间、工人的家庭中去宣传，动员了大批人员参军参战，那一年，在红色首都瑞金成立了工人师。这个师的创建凝聚着刘少奇的心血，工人师在反围剿中起到了重要的作用。1933年3月，中央红军的第四次反围剿进入了重要期，刘少奇利用各种机会积极配合前线红军的反围剿战斗。为了宣传马克思主义的革命理论，党中央决定在中央苏区开办马列主义大学，由毛泽东教苏维埃运动史，刘少奇教职工运动史。那时候，毛泽东、刘少奇等人都是一面准备战斗，一面筹办马列主义大学。刘少奇在担任教职工时，根据学生的实际情况深入浅出地进行讲解，成为当时人人称颂的好老师。

1934年10月，刘少奇在参加二万五千里长征时，先后任中国工农红军第八军团、第五军团中央代表以及第三军团政治部主任。在遵义会议上，刘少奇支持毛泽东的正确主张。长征到达陕北后，刘少奇分工主管工会工作，任中华全国总工会西北执行局委员长。因此，在找一"得力干将"去华北加强北方党的组织与领导时，中共中央政治局常委总负责人张闻天不由地想到了刘少奇。因为他知道刘少奇长期从事白区工人运动和党的秘密工作，具有丰富的经验。刘少奇欣然前往。1936年1月17日，刘少奇参加了讨论红军的行动方针和工作计划的中央政治局会议后，做了一些必要的准备工作。在党组织的周密安排下，刘少奇同护送的同志们一起踏上了到北方局工作的征程。临行前，有的同志关切地说："这次去白区，你是重返虎穴，任务十分艰巨啊！"刘少奇满怀信心地说："不入虎穴，焉得虎子。现在和过去不同了，有了毛泽东同志关于抗日民族统一战线的正确方针，一定能够改变白区工作的局面。"他那临危不惧、信心百倍的精神深深地感染着在场的每一个人。从瓦窑堡到中央所在地天津，路途遥远，敌情严重。护送刘少奇的人员事先做了严密而周到的安排，在经历了近两月的艰难险途，终于在1936年3月的一天，刘少奇夹杂在熙熙攘攘的旅客群中，坦然地走出了天津火车站。

刘少奇一到天津便开展了深入细致的调查，找到新的隐蔽的住所后，他名义上是在养病，实际上是在密切地关注着外面形势的发展。一天，当刘少奇从天津《大公报》上看到《北平学生抬棺游行，警队弹压略有冲突》的报道后，陷入了沉思。他觉察到，参加游行的都是民族解放先锋队队员和少数思想激进的青年，他深为感情用事的学生痛惜，同时也感到"左"倾冒险主义影响太深，于是他开始对北平抬棺游行事件进行了处理。抬棺游行事件是北平的学生为反对当地国民党政府屈从于日本而进行反抗的爱国活动，但是它也带来了一系列的不良后果：暴露了革命的骨干力量，北大学生会被迫停止活动；青年学生爱国救亡运动陷入困境。为使学生与党员干部能理性地对待问题，刘少奇决定对他们在思想上进行一次斗争策略和工作方法的教育。于是，刘少奇立即给北平的有关同志写了题为

《论北平学生纪念郭清烈士的行动》的一封信，刊登在内部刊物《火线》第55期上，署名为"K.V."。在党的领导下，各校进步学生还根据广大学生的实际情况，成立文艺团体，创办文艺刊物，例如清华大学的"清华文学会"。同时，学联又要求学生们主动团结教师，在斗争中互相帮助。

在随后的时间里，刘少奇带领天津学生、市民又进行了示威游行活动，掀起了全国又一次抗日救国高潮。在领导运动时，他还用化名发表了一系列关于在白区斗争的经验教训文章，这对当时的斗争，起到了模范作用。对于1936年12月12日的西安事变，刘少奇在保持冷静睿智的情况下，坚决按着中共中央的指示行动。1937年的2月下旬，等到了西安事变和平解决的消息后，刘少奇按着党中央的要求，对北平和天津的工作进行了安排。1937年4月初，刘少奇在北平接到中央的通知，要他参加苏区代表会议和白区代表会议，同年4月21日，刘少奇启程返回延安。

第四章 在危机关头力挽危局

第一节 再创华北抗日新局面

1937年4月，刘少奇回延安参加党中央召开的苏区党代表会议和白区党代表会议。1937年5月17日至6月10日，中共中央在延安召开了白区党代表会议，刘少奇主持了这次会议，并在会上做了《关于白区的党和群众工作》的报告，指出："因为环境的变动，新的任务与口号的提出，使得我们党与群众工作的工作方式、组织方式和斗争方式，也必须随之而全部地实行转变。"为什么要转变？刘少奇认为主要有两个方面的原因：首先，是适应客观已经变化了的新形势的需要；其次，是党自身建设的需要。刘少奇《关于白区的党和群众工作》的报告，深刻地阐明了在日本帝国主义准备向我国发动全面进攻，民族矛盾将上升为国内主要矛盾的新的历史时期，党为什么要从思想上、组织上、工作方式上实行转变，从哪些方面转变，怎样转变等重大理论和实际的问题。报告在全党产生了深刻的影响，为正确实施抗日民族统一战线，为迎接抗日战争的到来，从思想、组织、作风等方面做好了充分的准备。

1937年7月7日，卢沟桥事变发生后，全国全面的抗日救亡运动开始。随后，日本为了实现速战速决的战略方针，对华北和淞沪进行了战略进攻，国民党内爱国官兵虽进行了抵抗，但只是杯水车薪，屡丧土地，连连溃败。1937年7月29日、7月30日，北平、天津分别被日军占领，随即日本便大举向中国内地进攻。面对这种形势，1937年8月22日至8月25日，中共中央在陕北省洛川县冯家村召开了政治局扩大会议，会上通过了《中央关于目前形势与党的任务的决定》与《抗日救国十大纲领》，其中《抗日救国十大纲领》集中体现了这一时期党的路线、政策主张。为了争取国共两党团结抗日，1937年8月22日，国共两党经过两党谈判，国民党正式宣布红军主力部队改编为国民革命军第八路军（同年9月11日改称为第十八集团军）。1937年9月22日，国民党中央通讯社发表中国共产党7月提交国民党的《中共中央为公布国共合作宣言》。1937年9月23日，蒋介石在庐山发表谈话，表示团结御侮的必要，承认中国共产党的合法地位。共产党的宣言和蒋介石的谈话，宣布了国共两党合作的成立。

为了挽救华北危急，刘少奇认为要陷敌于汪洋大海的人民战争之中，发展壮大我正规军、地方部队和民兵，积极地开展游击战争是当务之急。在随后的会议决定中，再次确定了这一方针。1937年11月8日，太原失守后，由于太原已不具备正规军的作战条件，因此只能以游击战来挽救当时的局面。为了使各级军政干部和广大党员，懂得敌后游击战争的重要意义和正确开展游击战争，刘少奇于1937年10月26日发表了《抗日游击战争中的若干基本问题》的文章，从理论到时间阐明了当时开展游击战争的基本问题，这增强了当地人民抗日的积极性。由于刘少奇的正确领导，华北地区的部队队伍急速壮大，为我党在华北独立自主地长期坚持敌后抗战并战胜敌人打下了良好的基础。

为了更好地壮大抗日民主统一战线的队伍，刘少奇决定与山西的阎锡山建立特殊的抗日民主统一战线。山西省是华北具有重要战略地位的地区，它东临河北，威胁平津，西接陕西，与陕甘宁边区一河（黄河）之隔。境内多山，物产丰富，极宜屯兵，进可出击华北平原，退可固守高山，便于游击。如能在山西建立根据地，对发展壮大人民武装力量，坚持敌后抗战十分重要。当时统治山西的是国民党老军阀阎锡山，在我军暂时还无能力消灭他的情况下，如能在抗日民族统一战线的大潮中做好争取工作，联合抗战，将具有特殊的意义。于是，从1936年秋，刘少奇派薄一波等人去山西开展工作。至1938年秋的两年多时间里，虽然过程中有摩擦，但由于在党中央、刘少奇的正确领导下，坚决贯彻特殊形式下的统一战线的方针政策，使中国共产党在山西有了群众基础，有了新军，有了根据地，有了政权，形成敌后抗战的强大力量，在紧密配合八路军坚持华北敌后抗战的工作中做出了重大贡献。

在建立完善统一战线的同时，刘少奇也重视敌后抗日根据地的创建。刘少奇指出游击战争是要有根据地的，没有根据地就不能长期坚持。敌人不能达到和不能经常武装占领的边区、山区和广大的乡村，正是我军进行游击战争最理想的地方。这种地方不但使游击战争有广阔游击的地域，而且利于保存自己，又能不断提供军需物资和广泛的兵源，有利于发展自己，还可以诱敌深入，达到牵制、削弱、消灭敌人的目的。建立这种抗日游击根据地，在当时不但是客观的需要，又是客观条件上可行的。刘少奇认为只要具备一定的政治条件、军事条件、群众条件、地形条件和全国的抗战形势，也就是说只要有在党领导下的坚持抗战的民主政府，有自卫和消灭敌人的军事力量，有觉悟的武装群众，有利于我不利于敌的地形，在全国抗战的形势下，抗日根据地便有可能建立、发展胜利的前景。在当时的华北，如能把山西建成敌后抗日根据地，是具有重要的战略意义的。

山西位于华北平原以西，黄土高原的东部，与河北、河南、陕西、内蒙古等省区为邻，因位于太行山以西而得省名，又因春秋时大部分地方属晋国而简称晋。山西高原，一般海拔在千米左右，整个高原岭谷交错，东西两侧为山地，中间为一列串珠状盆地。山地、高原、丘陵约占70%，盆地约占30%，中部自东北向西南有大同、忻县、太原、临汾、运城等盆地，土地肥沃，灌溉便利，宜农宜牧。东部山地以太行山脉为主，恒山、五台山、太岳山、中条山从东北向西南呈多字型排列，山地海拔一般在1500米以上，山间多陷落盆地和险要关隘。西部山地以吕梁山为主体，海拔1500米以上，地势险要。山西东北山为主体，海拔靠近平津，西南与延安临近，是一个战略地位十分重要的地方。

自平津失守以后，日军沿平绥路向晋北发动进攻，企图占领山西控制华北。在太原失陷前夕，刘少奇主张要在山西境内划分若干游击中心区，便于抗日游击战争的组织与开展。为了便于开展游击战争和建立根据地，便于统一的军事指挥和政治领导，1937年11月11日，刘少奇、周恩来打电报给毛泽东、张闻天，提出在晋察边、晋绥边、晋东、晋东南、晋西、直南镇建立军区和军政委员会，由聂荣臻、关向应、徐向前、邓小平等分别担任各军区军政委员会主席。事实上，在抗战初期，刘少奇还具体地指导了晋察冀根据地的建立。晋察冀根据地是党在敌后抗战中建立最早、最有影响的根据地。从1937年10月20日至11月7日，刘少奇根据中共中央的批准，对晋察冀进行了一系列的民主政权的改造和重建，取得了硕果，为抗日战争做出了巨大的贡献。在党中央的正确领导下，随后又建立了晋西北、晋冀豫、冀热察等根据地，并相应地建立了抗日民主政权。

刘少奇在北方局工作了两年多的时间，在工作中，他全心全意、奋不顾身；重团结，讲民主；重调查研究，办事实事求是；平易近人，艰苦朴素。刘少奇由于工作过于劳累，又处在战争环境，他的胃病复发，经常吃不下饭，身体更加消瘦，但他从不要求组织照顾，不搞特殊。他虽身居高位，而言行处处是人民公仆的本色。这正是值得人们敬佩并学习的地方。

1938年9月29日至11月6日，党中央在延安举行六届六中全会，全会决定撤消长江局，设立中原局和南方局，刘少奇被任命为中原局书记，会后即南下中原，走上了更加艰苦的路程去创造新的辉煌。

第二节　南下中原　肩负重任

一、从陕北到中原开展工作

1938年11月6日，中共六届六中全会在延安结束。来自各地的代表们将分赴各自的工作岗位，去传达贯彻这次会议的精神，刘少奇是以中共中央北方局书记的身份来参加会议的。然而，会后他将卸任北方局书记，肩负党中央的重托，改任中原局书记，到华中去实施这次全会确定的"巩固华北，发展华中"的战略部署。这意味着刘少奇又将像1935年受命主持北方局工作那样，独当一面地去主持一个更大的战略区的工作。

中原局管辖的是长江以北的河南、湖北、安徽、江苏等地区党的工作，这里是连接华北和江南的重要地带，有丰富的物产、便利的交通线和相当稳定的群众抗日力量，也有发展游击战争的很好条件。然而，这里的许多地方与整个华北地区广泛扎实的群众抗日游击战争比较起来，还是未被开发的处女地，急需一位得力的领导者来此指导工作，刘少奇就是这一好的、急需的领导者。

1938年11月下旬，刘少奇率朱理治、李先念、郭述申、谭希林等人一行，肩负党中央赋予的历史重任和中原人民的殷切期望从延安出发奔赴中原。由于安排，奔赴中原时，刘少奇等人分两拨前行，几经周转，在1939年1月28日到达竹沟，开始了他在华中地区开创抗日战争新局面的战斗。

刘少奇到达中原后，韬光养晦，认真建设，养精蓄锐，保存实力，为后期逐鹿中原奠定了基础。刘少奇主持中原局工作后，首先正确指导了竹沟、豫鄂边、豫皖苏等抗日根据地的建立、巩固和发展。他到竹沟后立即向中原局、豫鄂边区党委、留守处的各级干部传达六届六中全会精神，分别听取了豫鄂边区党委书记朱理治、鄂中区党委书记钱瑛、鄂中特委书记杨学诚等人关于贯彻六中全会精神、各地敌情、开展抗日游击战争等方面的情况汇报，经过认真分析研究，刘少奇全面规划了长江以北、陇海路以南广大地区党的工作，对开展敌后游击战争，创建敌后抗日根据地，做了全面的战略部署。为了迅速打开中原地区的抗日局面，刘少奇把坚决贯彻落实六中全会精神放在首位，要巩固统一战线，抵制批判"华中特殊论"的右倾机会主义错误。刘少奇在豫鄂边区干部会上指出，"游击战争要有根据地，没有根据地就不能长期坚持"，"历史上的流寇主义，没有一个能成功的，抗日战争没有根据地，也不可能取得胜利"，"有了兵，就要有个家，这个家就是抗日民主根据地"。这些精辟的论述在广大干部和群众中产生了深刻的影响，加速了各地根据地的建立与发展。同时，为了迅速开展豫鄂边区抗日武装斗争和建立扩大抗日根据地，刘少奇在向党中央提出自己意见的同时，也接受了当地人员的建议，这更加有利于根据地的巩固与发展。实践证明，党中央决定巩固华北，发展华中的战略方针是正确的；党中央关于不失时机地进军敌后并开辟华中战场的指示是完全符合实际的；同时也再次证明毛泽东所说在平原地区开展游击战争并建立抗日根据地是完全可能的。

在党的六届六中全会上，毛泽东指出"枪杆子里面出政权""枪杆子里面出一切东西"。遵照毛泽东的指示，刘少奇十分重视部队的发展和建设。在刘少奇的直接领导下，中原地区各地武装飞速发展壮大。刘少奇指示李先念（化名李威、时任豫鄂边区党委军事部长）于1939年1月17日，带领60名干部，90多名战士，组成新四军独立游击大队，从竹沟南下，挺进武汉外围开展敌后游击战争和创建抗日根据地。这支队伍后来发展成为新四军第五师；1938年9月30日，由彭雪枫任司令员兼政委、张震任参谋长的新四军东征游击支队380多人，从竹沟出发挺进豫东，后来发展成为新四军第四师的基干队伍；1938年3月29日，由周骏鸣任团长、林凯任政委的新四军第四支队第八团队1300多人，从邢集出发开赴皖东抗日，后来发展成为新四军第二师的一部分。

刘少奇非常重视在抗战中的统战工作，他从延安来竹沟途中，每到一处都及时解决在统战工作中存在的思想和实际问题，在洛阳和南阳他也是如此对待。刘少奇在中原局还明确提出了在坚持独立自主的原则下，在国民党友军中开展统战工作的对象和策略问题。他主张要在国民党上层军官中开展统战工作，克服过去在白军工作中的单纯士兵路线。为了更广泛地开展统战工作，使统战工作更好地为抗日战争服务，刘少奇亲自派豫鄂边区党委统战部部长刘贯一去泌阳国民党六十八军军部，送交毛泽东致该军军长刘汝明的亲笔信，去襄樊做第五战区司令长官李宗仁的工作。刘少奇还非常注重做好团结上层知识分子的工作。他请著名历史学家范文澜来竹沟讲学，为全国各地来竹沟的知识分子如社会科学工作者邓楚云、经济学家裴济华、著名木刻家刘砚安排了适当工作，让他们充分发挥自己的业务专长，为抗战大业做贡献。经过我党的宣传教育，这些知识分子抗日热情极高。

刘少奇来到中原以后，非常注重党的自身建设，把"维护党的团结，纯洁党的思想，巩固党的组织看作是自己的最高责任"。使大家深刻认识到，党内斗争不是为了削弱党的组织与团结、削弱党的纪律与威信、妨碍党的工作进行；相反，是为了加强党的领导与增强党的团结、提高党的纪律与威信、推动党的工作进行。刘少奇还把加强对党员的党性锻炼与修养作为党的建设的关键环节来抓，同时也十分重视党的宣传工作。他说："一份传单对人民就是一份重要的精神食粮，对敌人就是一颗炮弹；交通和发行部门担负着这个重要任务，要想尽一切办法，把宣传品、出版物送到抗日前线去，甚至送到敌寇占领的地区去。"

1939年3月18日，刘少奇遵照党中央指示回延安，中原局由副书记朱理治主持工作。刘少奇回延安后仍然以电讯等方式继续指导中原局的各项工作。

二、开辟苏北 发展华中

华中地处我国腹地，为历代兵家必争之地。古有"得中原者得天下"之说，这是有着深刻道理的。华中东起海滨，西迄汉水，南跨长江，北依陇海（铁路）；连结豫、鄂、皖、苏、浙等省和上海、南京、武汉、徐州、杭州等大中城市。长江横贯东西，平汉（京广）、津浦（铁路），纵穿南北，交通便利，物产丰富，战略地位十分重要。[①]从1937年7月7日卢沟桥事件之后，日本开始全面侵华策略，侵略开始进入华中地区，但有华中地区的敌后战场做后盾以及当时国际势力对日本的牵制，从1938年10月28日占领武汉后，中日战争就进入相持阶段。抗日战争爆发后，中国共产党领导下的八路军、新四军先后在华北、华中等地建立了敌后抗日根据地。随后，党中央提出了"巩固华北、发展华中"的战略方针。

在创建华北敌后根据地的过程中，各项工作主动、及时，发展顺利；但在开辟华中敌后根据地时，由于当时以王明

---

①何光国：《人民公仆刘少奇》，中国工人出版社1997年1月版，第235页。

为主的"左"倾错误思想蔓延全党，各项工作却被动、缓慢，错过了大发展的良机。失去了机遇，就失去了优势，要把失去的优势再争回来，就增加了工作的难度，需付出更大的代价。

刘少奇在这种情况下临危受命，于1939年9月21日，为了进一步落实中央六届六中全会关于大力发展华中的战略方针，率徐海东（新四军江北指挥部副指挥）等人第二次来到河南确山县竹沟镇。刘少奇来到竹沟后，认真分析了当时的时局，并做出从竹沟转移、把中原局一分为二进行撤离的决定。同年10月下旬，刘少奇率徐海东、刘瑞龙及干部大队、教导大队部分干部、学员和一个武装中队共300多人，踏上了去豫、皖、苏地区敌后领导抗战的新征途。途经确山、汝南、项城、沈丘等，于11月初到达豫皖苏边区涡阳北部的新兴集。在此，刘少奇在听取了支队司令员兼政委彭雪枫、副司令员吴芝圃的工作汇报后，特别满意。12月初，刘少奇等到达津浦路西定远县藕塘地区新四军江北指挥部，同指挥张云逸、副指挥徐海东、罗炳辉、参谋长赖传珠、政治部主任邓子恢等会合。

为了迅速打开华中敌后抗日的新局面，从1939年12月至1940年2月，刘少奇连续主持召开了三次中原局扩大会议。1940年4月5日，他率中原局机关及新四军江北指挥部来到皖东半塔集，领导这里的敌后抗日斗争。1940年10月下旬，刘少奇率中原局机关及江北军政干校学员和其他干部1000余人，经皖东北过淮河到达苏北阜宁县东沟，与南下的八路军第五纵队司令员黄克诚会师。11月4日，刘少奇、黄克诚南下海安，与新四军苏北指挥部指挥陈毅相会，三人由海安到达盐城。此后，至1942年3月19日，刘少奇一直在盐（城）、阜（宁）地区与陈毅等人一道领导华中的敌后抗日。

刘少奇经过在华中两年半的工作，完成了党中央委托的"开辟苏北、发展华中"的历史使命，使华中走出了险境，迎来了通向胜利的坦途。1942年3月19日，刘少奇从苏北阜宁单家港出发离开华中，经山东、河北等地回延安参与党中央的领导工作。

三、解危齐鲁大地

山东抗日根据地，是中国共产党在抗日战争中的一个重要根据地。山东位于华北平原东部、黄河下游。与河北、河南、安徽、江苏等省为邻，东北隔渤海海峡与辽宁相望，因地处太行山以东，故名山东。古代曾是齐、鲁两国属地。全省面积15万多平方公里，地处南北交通要冲，是连接华北、华中的枢纽，控制南北主要交通线津浦铁路和近海交通的咽喉，为历代兵家必争之地，战略地位十分重要。

1942年3月，中共中央和毛泽东委派刘少奇在由华中回延安参加七大途经山东时，刘少奇代表中央和毛泽东到山东抗日根据地视察工作并处理山东有关问题。刘少奇当时任中共中央政治局委员、华中局书记、新四军政委。1942年1月21日，毛泽东以中央书记处的名义，致电山东分局和八路军师负责人："中央派少奇同志去山东指导工作，请你们先行准备总结山东工作的一切必要材料。"随后，毛泽东将山东向中央反映的情况材料转给刘少奇，要他经山东时请加以考查予以解决。1942年3月19日，刘少奇一行从江苏省阜宁县单家港出发前往山东。因沿途的情况复杂，要通过敌占区和国民党统治区，新四军领导派苏北教导五旅十三团团长周长胜，率部队护送刘少奇一行穿越敌伪军几道封锁线，并路经国民党统治区到达山东境内。一一五师政委罗荣桓派教导二旅旅长曾国华率部队到陇海路以南迎接。3月下旬，刘少奇一行到达山东分局和一一五师驻地临沭县朱樊村（该村现划归江苏省东海县），开始了在山东根据地近5个月的生活和战斗。在这5个月中，刘少奇先从调查开始，了解山东问题的症结所在，然后对症下药。他分析了山东呈敌我三角斗争的形式，指出了客观上我们所具有的优势，层层分析，最终使山东抗日根据地胜利地度过了抗战中最艰苦的阶段，并对后来山东根据地的不断发展壮大起到了重大的作用。

1942年4月至5月间，刘少奇在山东分局召开的县、团级以上干部会上专门做了关于群众运动的报告，从理论到实践全面、深刻地论述了党的群众观点、群众路线。他说："党和群众的关系是鱼和水的关系，鱼脱离了水就不能生存，党脱离了群众同样也不能生存；党是我们的母亲，而人民群众又是党的母亲。党如果脱离了群众，就像希腊神话中所描述的英雄安泰脱离了大地一样，必然失败。"由此，他非常关注减租减息的实施问题。根据刘少奇对其的研究和分析，山东分局于5月4日做出了《关于减租减息、改善雇工待遇、开展群众运动的决定》。1942年5月12日罗荣桓等人向一一五师各部队发出指示，要求各部队积极配合地方搞好减租减息。在鲁南、滨海等地区立即进行减租减息的试点，以便取得经验进而全面推开。为了取得减租减息和充分发动群众来搞好根据地各项工作的经验，刘少奇在1942年5月至7月期间，亲自带领一批干部深入到沭县的东泮村、夏庄和赣榆县的大树村等地调查研究，指导双减工作和其他各项工作。在刘少奇的直接指导下，滨海地区的双减工作深入开展，人民群众的抗日积极性空前高涨。

在山东抗日根据地，党内部主要领导之间存在不够团结的现象，军队与地方、八路军、一一五师与山东纵队之间均存在一些矛盾。刘少奇受中央之托来山东后，最先考虑和急需解决的就是这个问题。他经过调查研究，与有关方面的领导磋商和征求意见，于1942年4月下旬召开了山东分局与山东军政委员会的联席会议，较好地解决了这个问题。会议决定在山东分局领导下，建立一个有权威的政治军事统一领导中心，分局下面设军政委员会处理日常工作。将中共山东分局、一一五师师部、山东纵队司令部合并办公。三个领导机关原有10000多人，决定精减压缩到3500人，包括抗大、党校、特务团都在此数额之内。分局、师部、纵队的干部统一分配，加强各战略区工作的领导。同时，决定将山东纵队第一旅拨归一一五师建制，在胶东的第五旅作为机动部队（后亦划归一一五师）。山东纵队其余各旅，均划归各军区，编入各地独立团、营。通过上述组织上的调整，理顺了内部的关系，增强了军队之间、军地之间、军民之间的团结。机关精减后，人员减少，工作效率提高，连队得到了充实，部队战斗力得到了提高。党政军干部统一办公，不但便于集体决策，同时也密切了相互之间的联系。这些措施为以后山东实现党的一元化领导和主力部队地方化创造了先期的条件。

面对山东存在的统一战线问题中，刘少奇强调统一战线是既联合又斗争，在斗争中求联合，强调在党领导下建立民主政权和根据地的重要性，并亲自处理了"抗敌自卫军"的领导指挥问题。刘少奇与各位"抗联"的负责人认真沟通，使他们明白在统一战线中，共产党领导地位的重要性，各负责人纷纷表示愿意在共产党的领导下抗日。在后来的革命斗争中，"抗协"的不少干部发挥了积极的作用，有的同志还加入了中国共产党，成为党和军队的骨干。

刘少奇来到山东后，在罗荣桓等人的支持下，解决和处理了山东急盼解决的一些难题。他的到来使山东根据地的各项工作又生机勃勃地顺利开展起来。1942年7月下旬，刘少奇圆满地完成了党中央、毛泽东委派他处理山东问题的任务后离开山东，经河北、山西回到延安。

第五章　进入中央领导核心

第一节　在革命圣地延安

延安，位于陕西北部的陕北高原、延河中游，距西安市300多公里，1937年1月至1947年3月，中共中央和毛泽东等中央领导，在这里领导了全国抗日战争和人民解放战争，是中国人民革命的圣地。刘少奇自1942年底回到延安，至1947年3月离开延安，在这里生活、工作、战斗了六个年头，延安是他在建国前工作时间最久的地方。

从中原回到延安，刘少奇实际上经历了一个"小长征"。刘少奇由苏北回延安，从1942年冬开始准备，到1942年12月才到达延安，时间一年有余。路经江苏、山东、河南、河北、山西、陕西六省，行程数千里。沿途要穿过敌占区、国统区和无数敌顽的据点和封锁线，当时敌人控制了交通要道，这些地方到处炮楼林立，巡逻严密，通行极难，为了安全，行军时间多在晚上。这样，更增加了吃、住、行军的困难。但刘少奇对此并不在意，他在行军中乔装打扮，与人亲切，更在行进中约束自己的行为，不给队伍找麻烦，同时也约束队伍干部人员不得损害人民群众的利益。他们一路走来经历了无数考验。所以，在一次会上，刘少奇对随行的工作人员说："我们经历了一个'小长征'，这是一次很好的考验。"

刘少奇回到延安后，住在离延安市约3公里的杨家岭，分给他的两间窑洞，一间做卧室，一间做办公室。他的邻居有任弼时、李富春、吴玉章、杨尚昆等人。刘少奇到达杨家岭后，毛泽东从枣园的住处乘汽车来看望刘少奇，两位领导人互相问候并进行了交谈。1943年1月1日，中共中央办公厅在杨家岭中央大礼堂举行晚会，进行团拜庆贺新年。毛泽东在会上做了热情洋溢的讲话，向大家祝贺新年，欢迎刘少奇从华中胜利回到延安，并提出了1943年的任务。刘少奇自从加入共产党以来，一直从事党的秘密工作，由于工作繁多，到处奔波，致使他的身体状况十分不好。毛泽东对其身体状况表示担忧，曾多次致电询问。

1943年3月20日，中共中央政治局在延安举行会议，研究党中央组织机构及职权等问题，刘少奇参加了这次会议。会议通过了《中共中央关于中央机构调整及精简的决定》，推选毛泽东为中央政治局主席，会议决定中央书记处由毛泽东、刘少奇、任弼时三人组成，毛泽东任主席。从此，刘少奇成为党中央书记处三个书记之一。会议决定在中央政治局及书记处之下，设立宣传委员会与组织委员会。这两个委员会是中央政治局和书记处的助理机关，由毛泽东任宣传委员会书记，刘少奇任组织委员会书记。为了保证党务工作能与军事行动更密切地配合，会议决定刘少奇为中央军委副主席，同时决定，由刘少奇继续分管华中地区党、政、军、民工作，并兼任中央研究局局长。从此，刘少奇走上了中央主要领导的岗位，成为党和军队的核心领导之一。在他的肩上，为党为人民服务的担子更重了，党和人民对他的期望也更大了。而刘少奇不愧是一个经过各种考验的、成熟的革命家，在党中央和毛泽东的正确领导下，他以一个革命家的雄才伟略和严谨、科学的工作作风，在党中央主要领导的岗位上，为党为人民继续创造着新的辉煌。

随着1945年8月15日日本的无条件投降，国内的时局再次发生了变化，国内的矛盾也发生了变化，蒋介石抢先占领了华东、华南、华中地区大批大中城市和主要交通干线，但要很快占领华北、东北等地并发动内战还需较长的时间。为此，蒋介石一面积极准备打内战，一面伪装和平，并于1945年8月14日、8月20日、8月30日三次电邀毛泽东到重庆进行和平谈判。为了争取和平，揭露蒋介石的阴谋，1945年8月28日，毛泽东在周恩来、王若飞以及来延安迎接毛泽东的国民党代表张治中、美国驻华大使赫尔利的陪同下，乘飞机离开延安赴重庆谈判。在毛泽东去重庆谈判之前，中共中央于1945年8月23日召开了中央政治局扩大会议，根据毛泽东的提议，决定在毛泽东去重庆谈判期间，由刘少奇代理中共中央主席职务，并增选陈云、彭真为中央书记处候补书记。后来在毛泽东养病期间，刘少奇一直在处理党中央的日常工作。毛泽东去重庆谈判以后，刘少奇遵照毛泽东对各项工作的安排和部署，认真、严谨、科学地履行代主席的职责。由于日本刚投降，事务繁多，而当时最紧迫的问题就是我军的战略部署和发展方向问题，即共产党所辖在华北、华中、山东等地的部队，如何根据抗战胜利后的新形势，不失时机地迅速部署到位，去占领可能占领的战略要地，开辟新的根据地，更好更快地发展自己，争取优势，达到最后战胜敌人的目的。根据我军战略部署方向以及国际形势的变化，我军决定向东北发展。接着，为了尽快地、不失时机地争取东北，刘少奇、朱德征得在重庆谈判的毛泽东、周恩来的意见后，代表党中央做出了"向北发展，向南防御"的重大战略决策。11月2日，刘少奇在给周恩来的致电中通报了"让开大路，占领两厢""建立东、北、西满根据地"的设想。为了迅速落实这一方针，1945年11月至12月之间，刘少奇多次为党中央起草电报给东北局负责人，强调我军退出大城市以后，在东北要取得对国民党斗争的胜利，除了竭力巩固一切可能的战略要点外，还要取得东北人民的支持及我党我军与东北人民的密切联系。东北局和东北我军根据中央的方针和部署，在东北逐步建立了巩固的根据地，部队发展迅速，并不断击退了敌人的无数进攻。在以后的战争中为我军提供了在兵力和财物上的支援，为人民解放战争的胜利以及东北人民的幸福生活都做出了极大的贡献。

中共中央政治局的领导，当时除在中央分管一线或多线的工作外，有的还分工指导各地区的工作。1943年3月23日，政治局召开会议，决定刘少奇继续分管华中地区党、政、军、民的全面工作。由于华中地区特殊的战略地位，中央和毛泽东对华中地区的工作特别重视，中央政治局于1943年4月28日和6月16日两次详细听取了刘少奇关于华中工作的汇报。中央对以刘少奇为首的中原局、华中局几年来坚持敌后抗战、建立根据地、发展武装部队、建立政权、进行减租减息运动、开创了华中敌后抗战的新局面表示满意。

抗日战争胜利后，由于国内的主要矛盾已发生变化，原来的土地政策已不适应现在的情况，这就有必要在全国解放区制定一个关于土地改革的文件，统一全国土地改革运动的政策，中共中央和毛泽东、刘少奇对解决农民土地问题高度重视。1946年4月，刘少奇在听完各地负责人的汇报后，感觉各地政策、办法不一，须有一个统一的政策，中央应发一个指示，以便各解放区有所遵循。因此，刘少奇主持起草了《中共中央关于清算减租及土地问题的指示》，同年5月4日，在中共中央召开的会议上，讨论并通过了这个文件（后称《五四指示》）。

《五四指示》发布以后，各解放区在解决农民土地问题方面取得了巨大成绩，在到1947年下半年的一年多的时间里，已有2/3的地方基本解决了农民的土地问题。但尚有1/3的地区未进行土地改革。通过减租减息和对地主的各种清算，农民从地主手中获得了大量的土地，在广大农村有力地削弱了封建势力，农民从现实中直接获得了经济利益和政治利益，亲身、实际和深刻地体会到共产党和国民党有着根本的区别，大大提高了农民保卫解放区、保卫胜利果实、努力生产、参军参战的积极性。但是鉴于全面内战尚未爆发，国共关系尚未最后破裂，为了争取一切可能争取的社会力量，减少变革土地关系中的阻力，团结更多的人来参加反对蒋介石独裁和发动内战的斗争，所以，当时党的土地政策带有过渡性质。例如，《五月指示》没有废除封建制度，没有把无偿没收地主的土地给无地或少地的农民。

刘少奇担任中央主要领导后，工作更加繁忙，但他对党的建设，特别是对宣传和学习毛泽东思想高度重视。在党的建设方面，刘少奇有许多理论著作，如《肃清关门主义与冒险主义》《关于党内教育问题》《论共产党员的修养》《做一个好的党员，建设一个好的党》《论党内斗争》等。这些著作对加强党的理论建设和党员的教育、修养产生了重大影响，起到了极其重要的作用。1943年7月，刘少奇为纪念中国共产党诞生22周年，写了《清算党内的孟什维主义思想》一文（"孟什维主义"泛指党内的机会主义），原载7月6日

《解放日报》。这篇文章是针对当时党内存在的把马克思主义公式化、教条化的错误，为宣传、捍卫、发展毛泽东思想而写的。

1944年10月，刘少奇搬到距延安市西10公里处的枣园居住。这里是1940年至1942年、1944年至1947年中共中央书记处的所在地。刘少奇住中央小礼堂背后的山下，为一排五孔窑洞，左边两间为刘少奇的住房和办公室，右边三间为八路军副总司令彭德怀居住和办公的地方。刘少奇在这里为党的七大繁忙地做准备，并在这里写了著名的《关于修改党章的报告》。在1945年4月23日至6月11日召开的中国共产党第七次全国代表大会上，刘少奇在大会上做了关于修改党章的报告，这个报告在1950年1月经刘少奇校阅后改名为《论党》，后由人民出版社出版。在此代表大会上，毛泽东思想作为中国共产党的指导思想第一次写进党章，成为中国人民革命事业从胜利走向胜利的光辉旗帜。在这之后，随着日本的投降，历史开始进入解放战争时期，并进入战略反攻阶段。随后，刘少奇率中央工委东渡黄河，经晋绥解放区进入晋察冀解放区，于1950年5月上旬到达河北省平山县，随后开展工作。

第二节　在革命圣地西柏坡

一、全国土地会议

1947年6月29日，中央工委书记刘少奇、朱德、董必武等领导抵达河北阜平县城南庄，在这里听取了中共晋察冀中央局关于土地改革工作的汇报。随后，到达平山县西柏坡村。此后，中央工委就设在这里，负责开展中共中央的日常工作。刘少奇等人到达西柏坡时，伟大的人民解放战争已经进行了将近一年，为了适应革命形势飞速发展的需要，1947年下半年，在这里召开了全国土地会议、华北军工会议等重要会议。1948年5月，中共中央和毛泽东来到西柏坡，中央工委与党中央合并，刘少奇参与了党中央的领导工作。当时刘少奇是中共中央书记处书记兼华北局书记、中央军委副主席兼人民解放军总政治部主任。刘少奇在西柏坡工作将近两年，为人民解放战争的全面胜利做出了巨大的贡献。

为了消灭几千年的封建剥削制度，满足农民对土地的强烈要求，在农村进行土地改革运动，是当时摆在我党面前一项重大而又迫切的任务。因为，只有农民获得了土地，才谈得上政治上翻身、经济上解放，才能有坚固的后方和雄厚的人力、物力来支援前线。

1947年7月17日至9月13日，刘少奇根据中央的决定，在西柏坡村主持召开了全国土地会议，议分两个阶段进行。第一阶段，7月17日至8月底，与会人员学习马、恩、列、斯关于农民土地问题的论述和我党关于农民土地问题的文件，听取各解放区汇报土地改革情况，总结交流经验，开展批评和自我批评，着重检查了右的倾向，找出土地改革不彻底的原因。8月底至9月13日，为会议的第二阶段，集中讨论了土地改革的政策问题。与会代表经过热烈讨论，一致赞同平分土地的原则，起草并通过了《中国土地法大纲》。会议还研究了整党问题，为了彻底消灭封建剥削制度，会议决定实行平分土地的原则，并制定了《中国土地法大纲》，其中包括16条内容。1947年9月13日，刘少奇代表党中央在全国土地会议上做了总结报告。全国土地会议制定的《中国土地法大纲》，于1947年10月10日由中共中央公布实施。

土地改革的进行为在全国消灭封建剥削制度、深刻变革农村生产关系提供了一个战斗纲领，有效地推动了各解放区土地改革运动的蓬勃发展。从而提高了农民的政治热情，促进了生产的积极性；解放了思想，解放了生产力，有力地支援了人民解放战争的胜利进行，这是运动的主流。最后，根据全国土地会议的精神，各解放区党的领导机关均在土地改革工作的同时部署了整党工作，这为土地改革提供一个良好的氛围。土地改革的顺利进行，为夺取人民解放战争的全国胜利奠定了雄厚的人力和物力基础。

中共中央为了改进和加强党的新闻工作，1948年秋在西柏坡村召集人民日报社、新华社华北总分社的部分记者进行学习。同年10月2日，刘少奇在这次学习会上发表了重要讲话，通常称为"对华北记者团的谈话"，这是一堂十分重要的党的新闻课，虽时过60多年，至今仍具有重要的现实意义。刘少奇在会上对新闻工作者的要求是：新闻工作要引导人民走向真理，新闻工作者必须密切联系群众，同时要学会怎样联系群众，怎样使报纸成为党联系群众的桥梁。在报道新闻的同时，也要加强自身的学习，这样才可以使自己拥有一个合格记者的条件。

1945年8月抗战胜利后，中央党校的大部分学员返回工作岗位。1947年3月，中共中央撤离延安，中央党校暂时停办。

解放战争时期，随着革命形势的迅猛发展，为迎接全国解放，培养具有理论知识的领导干部，中共中央于1948年7月创办高级党校（马列学院），刘少奇兼任校长。马列学院第一班于同年11月8日在河北省平山县李家沟口开学，刘少奇在12月14日，对第一班学员做了重要讲话。刘少奇应学员的要求先讲了人民解放战争的形势，并对国际形势和战争发展形势进行了预测。后来历史的发展证明这一预测是正确的。

在中国人民革命战争即将取得全国胜利的时候，为了解决中国共产党面临的一系列新的重大问题，党中央于1949年3月5日至3月13日在西柏坡村召开了党的七届二中全会。中共中央主席毛泽东主持了会议，并向全会做了重要报告。刘少奇参加了七届二中全会，3月12日，他在七届二中全上做了《关于城市工作的几个问题》的发言。刘少奇在发言中高度评价了毛泽东的报告，表示完全赞成，并对土地改革中出现的一些问题，主动承担了责任。他说："土地改革中，各地犯了些错误，中央对此是有责任的，其中大多数与我个人有关。土地会议上主要是反右，也批评了、反对了'左'，但做得不够，积极想办法防止'左'，做得不够。看到了些无政府、无纪律状态，也提出了批评，但直到毛主席系统地提出批评并规定了纠正办法，才得到纠正。"刘少奇对土地改革中出现的、并已纠正了的一些问题做出自我批评，体现了他实事求是、严于律己和对党对人民的高度事业心。关于城市工作，刘少奇讲了三个方面的内容：要有城乡一体的观点，克服"单打一"的做法；对城市要求做到接收好、管理好、改造好；依靠工人，发展生产。关于保障工人生活，刘少奇指出："人民政府应给工人以可能与必要的优待。"

1948年秋，人民解放战争已进入第三个年头，在党中央和中央军委的领导下，英勇的中国人民解放军在各个战场上取得了新的突破性的胜利，中国的军事形势发生了急剧的变化。人民解放军不仅在质量上一直占有优势，自此，在数量上也开始占有优势，与国民党军队进行战略决战的条件和时机均已成熟，在全国夺取解放战争的胜利已近在眼前。为了配合、支持人民解放军战略大反攻的需要，刘少奇在西柏坡主持召开了有各解放区和有关部门参加的军工会议、交通会议、敌工会议。通过这些会议，促进了军械、军火的生产；改善了交通运输；瓦解了大批敌人，为后来进行三大战役创造了各方面的有利条件。

1947年10月11月，刘少奇和朱德、聂荣臻领导了晋察冀野战军举行的清风店战役、石家庄战役，分别歼敌2.1万人、2.4万人。两个战役的胜利，对扭转晋察冀战局，使晋察冀和晋冀鲁豫两个解放区联成一片，为发展生产、支援战争，创造了有利条件。1948年5月9日，为适应战争形势的发展，中共中央和中央军委决定，将晋察冀、晋冀鲁豫两个战略区及其领导机构合并，组成中共华北局、华北联合行政委员会（同年8月改称华北人民政府）和华北军区。刘少奇兼任华北局第一书记，董必武任华北联合行政委员会主席，聂荣臻任华北军区司令员，薄一波任政治委员，徐向前任第一副司令员。辽沈、淮海、平津三大战役，1948年9月12日开始，1949年1月31日结束，历时142天，共歼敌152万人，国民党的军事主力基本上被摧毁。中国共产党领导全国人民进行的与国民党的这个战略决战的伟大胜利，震撼了全世界，它告诉人们，蒋介石统治中国人民的黑暗历史即将告终。在三大战役的过程中，刘少奇和周恩来、朱德等人一起，共同协助毛泽东成功地指挥了三大战役。

1948年11月24日，刘少奇在西柏坡度过了自己50岁生日。在50年的岁月里，他经历了近30年的革命岁月。为了中国人民的彻底解放，为建立一个独立、富强、民主的新中国，他不惜牺牲自己的一切，为党为国为人民做出了卓越的贡献，他高尚的品德，受到了全党全国人民的称赞，成为全党学习的楷模。

二、革命伴侣

1948年8月21日，是一个值得留念的日子。因为这一天，在中国北方一个偏远的小山村中——西柏坡，刘少奇同王光美在一间简陋的平房里，在战友们的祝贺声中结成终身伴侣。从这一天起，直到"文化大革命"的浊流将他们被迫分离，这一对革命伴侣相伴相随，在一起工作、生活了20个年头。在这20个年头里，工作上，王光美是刘少奇的得力助手，家庭里，王光美是受人称誉的好妻子、好母亲。王光美以她坚定的信念和全部的精力，支持着刘少奇的工作，为党的事业无怨无悔地奉献着。

王光美，祖籍天津，1921年9月生于北平。王光美的父亲叫王治昌，号槐青。早年留学日本，是著名的早稻田大学的商科毕业生。他在日本留学期间，为解决读书经费，一边上大学，一边在一所基督教青年会办的补习学校教英语，是一名勤工俭学的穷学生。回国后，在天津女子师范学院教书，以后又担任过政界相当于部长一级的职务。

王光美出生的那年正值中国共产党刚在上海成立。她在北平著名的实验二小读完六年小学后，考入北平师大附中读中学。1937年七七事变以后，她便在家自修，1939年考取辅仁大学物理系，1943年大学毕业后在研究生院读了两年研究生，获硕士学位。1945年下半年任大学助教，指导学生作论文。

王光美的学生时代，正是九一八、七七事变日本发动全面侵华的时候。国难当头，时局剧变，民族危亡促使每个爱国的中国人去考虑国家和民族的前途与命运。时代的浪潮冲击着每个青年学生火热的心。当"我的家在东北松花江上"那低沉悲壮的歌声和威武雄壮的"义勇军进行曲"飘荡在城乡上下、学校校园时，更激励起人们为保卫中华民族、保卫国家、保卫家乡去勇敢战斗。王光美就是这些热血青年之一。

抗日战争胜利后，蒋介石国民党政府玩弄假和平真内战的阴谋。1946年1月10日，中国共产党代表同国民党政府代表正式签订停战协定。根据协定，在北平设立由国民党政府、共产党和美国政府各一名代表组成的军事调处执行部，负责监督执行停战协定。执行部下设若干军事调处执行小组，分赴各冲突地点进行调处。停战协定的签订和实施，在当时对于国民党军队的调动和向解放区的进攻是一种限制，因而有利于人民。但国民党方面在美国授意下，在实际贯彻实施协定中没有按停战协定办事。军事调处执行部组成之初，刚走出大学校门不久，年仅24岁的王光美由北平地下党推荐，担任了由叶剑英、罗瑞卿、李克农领导的北平军事调处执行部中共代表团的英语翻译。在党组织的领导下，她出色地完成了这项任务。

1946年秋，国共两党和谈破裂，大规模的内战开始，国共和谈终止，王光美结束了在军事调处执行部的工作。因她的身份已经公开，为了她的人身安全，经中央批准，安排她去解放区党中央所在地延安。1946年1月11日，王光美和宋平，还有一个美国人，同乘一架班机赴延安。到延安后，王光美被安排住在中央军委驻地王家坪，分配在军委外事组工作。当时国民党胡宗南部正进攻延安，王光美即随军委外事组去瓦窑堡，任周恩来等中央领导的英语翻译。1946年3月8日，她离开延安去晋绥解放区参加土地改革运动。当时的土改团长是建国后曾任外交部副部长、驻波兰大使的王炳南。王光美在参加了一年的土地改革工作后，1948年春随外事组的同志来到河北平山县的柏里，仍在外事组工作，负责编译《内部参考》。她根据时局的新变化，经过分析研究，常写文章并提供各种资料，供中央领导参考。

　　王光美到延安不久，就认识了刘少奇。来西柏坡工作后，因工作关系常接触刘少奇。两人由于共同的革命理想和对未来美好生活的追求，1948年8月，王光美和刘少奇在西柏坡结为终身伴侣。新婚的当天，既没举行隆重的婚礼，也没举行婚宴。但令人难忘的是，毛泽东、周恩来等中央领导及机关的同志们都到住处祝贺，一起品尝了由中央军委外事组的同志们亲手做的喜庆蛋糕。[①]

　　当王光美在大学读书的时候，受时代的浪潮和兄妹们的革命影响，她毅然走出了平静、舒适的家庭，离开了繁华的都市，选择了进步的、爱国的、革命的路，她把自己的命运同人民、同祖国、同伟大的中国共产党联系在一起。后来，她由北平奔赴革命圣地延安，随后，又辗转瓦窑堡、延安、晋绥、平山县柏里、西柏坡等地。王光美所走的这条延安之路，是走向真理、走向战斗、走向胜利、走向人生最高理想的路。同时她的家庭也是追求革命和胜利的家庭，她的兄弟姐妹都参加了革命，并且在各自擅长的领域都为革命做出了贡献。

---

　　①何光国：《人民公仆刘少奇》，中国工人出版社1997年1月版，第323—324页。

第六章　治国有方

第一节　筹备开国建设

　　1949年，人民解放战争在全国取得了决定性的胜利。为了迎接新中国的诞生以及建国后国民经济的恢复和发展，党和政府必须制定一系列正确的政治、经济、军事、外交等方面的方针和政策，以适应由乡村到城市，由战争到建设，由建立根据地到建立全国政权这一新的伟大转变。党的七届二中全会初步制定了新中国的建设蓝图，但怎样实施这个蓝图呢？为此，刘少奇进行了深入的理论和实际的探索。1949年春夏之间，他去天津调查研究。不久，他率中共代表团去苏联访问、考察，学习苏联建设的经验。访问回国后，他又参与领导了中国人民政治协商会议的各项筹备工作。在这一年中，刘少奇为新中国的诞生做出了重大的贡献。

一、天津之行

为了落实党的七届二中全会精神，探索如何接收管理好城市，迅速恢复和发展生产，搞好解放区的经济建设，支援前线，并为建国后制定恢复和发展经济的正确政策，刘少奇到天津、唐山进行了30多天的调查考察。天津是我国北方海陆交通枢纽和重要的工业基地，又是北京的出海门户，位于华北平原东北部，海河五大支流汇合处，与河北省、北京市为邻。东临渤海，隔海与山东半岛、辽东半岛相望，地理位置优越，当时是我国仅次于上海的重要的工业城市。

1949年4月10日晚，刘少奇偕夫人王光美、秘书吴振英、警卫李树槐，还有特邀前来的熟悉贸易、金融工作的龚饮冰、卢绪章及北京市委的张文松等人，乘火车来到天津。天津市军管会主任兼中共天津市委书记黄克诚、市长黄敬等到火车站迎接，随后，刘少奇一行被安排在近郊小刘庄的一座楼房里住下。刘少奇在天津考察期间，用大量的时间深入工厂、机关、商店调查了解情况，同干部、工人、职员、资本家及各界人士进行座谈讨论，并听取各部门的工作汇报。在调查了解的过程中，刘少奇发现在党员干部和工人中，不少人在对待民族资产阶级的看法上，存在"左"的倾向和模糊认识，严重地影响了经济的恢复和发展，严重地影响了广大工人群众的生活和支前工作。刘少奇根据中央的精神和天津的实际情况，分别在天津市委、天津市党政军干部、天津、华北职代会等大会上做了报告，并在各种座谈会上宣传、讲解我党有关城乡关系、公私关系、劳资关系、内外关系等方面的方针政策，对干部、工人做宣传教育工作，耐心做资本家的思想工作，发动大家共同做好经济恢复和发展工作。

刘少奇在天津考察期间做了多次报告，内容非常丰富，涉及范围广泛；符合国情、体现民意；立足当前，利于长远；既利于经济的恢复，又利于恢复后的发展。这些讲话精神不但在天津起到了巨大的推动作用，而且也推动了全国经济建设的恢复和发展。其主要精神可以概括为下面几点。

1. 全心全意地依靠工人阶级来管理好城市

1949年4月4日，刘少奇在天津党政军干部会议上说："依靠工人阶级，团结其他劳动群众，争取知识分子，争取尽可能多的能够跟我们合作的自由资产阶级分子及其代表人物站在我们方面，就是要和帝国主义、国民党、官僚资产阶级做坚决斗争，以便一步步地战胜敌人；同时开始我们的建设事业，一步步地学会管理城市，恢复发展城市中的生产事业。这是一切城市工作的、也是管好天津市工作的总路线。"刘少奇还提出全心全意依靠工人阶级的有效方法，注重工人组织运动，宣传马克思主义思想，建立工会。同时，在党和政府的领导下，工会通过各种形式对广大工人进行文化和政治教育，提高了工人的政治觉悟和文化技术水平，使他们迅速成长为建设新中国的又红又专的生力军。

2. 贯彻"公私兼顾"政策，充分发挥私人资本主义的积极性

在天津职工代表大会上刘少奇指出："在新民主主义的经济下，在劳资两利的条件下，还让资本家存在和发展几十年，这样做对工人阶级的好处多，坏处少。"1949年5月19日，在北京干部会议上他又说，"这是因为私营资本主义企业是社会上的一个很大的生产力，这个生产力是很重要的，今天没有他们还不行"，"今天是保留资产阶级，不是立即消灭资产阶级，立即消灭资产阶级，不是无产阶级的路线"，"工人的痛苦不只在于资本主义的发展也在于资本主义的不发展"，"过早地消灭资产阶级，是少了一个朋友，多了一个敌人"。

在刘少奇讲话的推动下，天津市委和政府立即调整公私关

系，深入宣传党的政策，端正公私双方的思想认识，克服国营企业在生产和流通领域中排挤私营企业的做法，使私营企业去掉了对国营企业的恐惧心理。实行民主协商，合理制定市场价格，统筹统理巩固信约，召开产销会议，对原材料分配、销售市场等问题进行合理解决，通过这些方式，有效地协调了公私关系。与此同时，国营企业对私营工商业积极扶植和指导，运用各种业务方式给私营工商业解决困难，并通过加工、订货、收购、包销四种方式扶植私营工商业。由于切实贯彻了"公私兼顾"的政策，使天津市私营工商业很快走出了困境，开始恢复和好转。

3. 贯彻"劳资两利"政策，改善劳资关系

"劳资两利"的政策，是中国共产党根据马克思列宁主义的基本原理和中国的实际情况制定的，也是由于中国落后的经济情况和民族资产阶级的地位和态度所决定的。

在解放前由于中国是一个半封建半殖民地社会，在劳资关系上，总是资方一利，劳方受气；解放后，工人获得了解放，当家做主了，是否可搞劳方一利？刘少奇在天津期间，对这个问题做了精辟的说明。他说，"要发展国民经济，首先要发展生产；要发展生产，就必须实行'劳资两利'"，"过去资方

压迫剥削工人，解雇开除，利用亲朋，很多的不合理的措施，过去资方是一利的，非劳资两利的，现在工人要求劳方一利是有原因的。但这不符合党的政策，不利于恢复和发展生产，也不符合工人阶级的长远利益"，"民族资产阶级是我们的朋友，不是敌人"，"在中国目前的条件下，私人资本主义经济的若干发展是进步的，对于国民经济是有利的，对于中国是有利的，对于工人也是有利的"。

刘少奇的讲话，给资本家极大的希望，他们随后进行积极的生产，提高了生产效率，活跃了经济。

4. 恢复和发展生产是城市工作的中心任务

1949年4月24日，刘少奇在天津市党政军干部会议上说："城市工作，首先要解决依靠谁、团结谁、争取谁的问题，解决这个问题要干什么呢？第一，是打击敌人；第二，就是恢复和发展生产。两者不可分开，只有把敌人消灭了，才有可能发展生产；也只有恢复和发展了生产，才能更好地打击和消灭敌人。"刘少奇在天津各种会议上都强调恢复和发展生产是各项工作的中心："如果不突出这个中心，我们就会站不住脚，就会削弱天津支援全国的作用。"

天津市委、市政府遵照党的七届二中全会精神和刘少奇的讲话，紧紧围绕发展经济这个中心开展各项工作，不但使天津的经济很快地恢复起来，而且使天津的经济很快出现了繁荣的景象。

刘少奇通过对天津市30多天的考察，深入基层、深入各阶层群众，听取了各阶层群众的反映、意见和要求，了解到了天津市的经济现状、存在的问题和发展的潜力，天津考察的实践，更丰富了刘少奇的理论思考。1949年6月，刘少奇写了《关于新中国的经济建设方针》一文。文章从我国的经济现状出发，运用马克思主义的经济观，对新民主主义经济提出了独特的科学见解。人民解放战争结束后，今后的中心问题，是如何恢复与发展中国的经济，刘少奇认为新中国的国民经济主要由五种经济成分构成，即国营经济，合作社经济，国家资本主义经济，私人资本主义经济，小商品经济和半自然经济。随后对这五种经济进行了解释，并对这五种经济成分在基本矛盾中所处的地位和作用进行了科学的分析。对于适合我国经济发展的方针，刘少奇也提出了自己的见解，对于应该怎样去实施，刘少奇最后指出，在今后中国的经济建设中要反对资本主义和冒险主义两种倾向，以保证正确的经济建设方针的贯彻执行。

二、秘密访问苏联

在新中国即将成立的前夕，党中央和毛泽东于1949年5月决定派以中共中央书记处书记刘少奇为首的中国共产党代表团秘密访苏，与苏联共产党和苏共中央总书记斯大林磋商建国前后的一些重大问题，并为毛泽东访苏做准备。根据毛泽东和党中央的指示，中共代表团出访苏联的主要任务是：向苏共中央和斯大林介绍中国革命的性质、任务、进程，现阶段各方面的情祝、特点、经验和发展的前景；中国革命对世界革命的影响，中国在世界革命中应尽的义务和希望得到的国际援助；取得苏联对中国革命的理解以及在政治、经济、国防、科学技术、教育文化、人才等方面的援助。

1949年6月21日，刘少奇率王稼祥、邓力群、戈宝权、师哲等人，从北平清华园车站乘车北上，从大连改乘飞机前往苏联。当时解放战争正在激烈地进行，为了防止意外，飞机绕道经过朝鲜民主主义人民共和国上空抵达伯力，再经赤塔，再经克拉斯诺亚尔斯克、斯维尔德洛夫斯克等地，于6月26日飞抵莫斯科。代表团下榻莫斯科市奥斯特洛夫斯卡娅街8号公寓。

中共代表团在到达莫斯科以后，斯大林在孔策沃附近的夏令别墅会见和宴请了中国代表团的同志。这次宴请长达三个小时，刘少奇在场慎重对待，以期下一次正式会见。在宴中，中国代表团就中国问题写了一个书面报告，这个报告的基本内容是：中国人民进行的解放战争即将取得完全的胜利；通报了我们将于1949年8月召开新的政治协商会议，并成立联合政府；关于新中国成立以后的外交政策，强调主权独立、领土完整，不承认任何帝国主义在中国的特权；关于中苏关系问题。根据这份报告提纲，在以后的会谈中，刘少奇分别做了通报，使会谈收到了良好的效果。

刘少奇这次出访苏联和斯大林等会见、会谈共进行了6次，就关于中国的制定宪法问题，他谈了自己对于中国宪法的意见。刘少奇在苏联期间，还参观访问了工厂、机关、学校、农场、博物馆，与有关人员进行了座谈，应邀出席了苏联空军节，观看了飞机表演。在当时，一切向苏联学习，按苏联模式办事，是我们最易、最好的选择，这对于恢复我国国民经济、奠定我国的工业基础，起到了很大的作用。在紧张的会谈期间刘少奇还抽空接见了蔡博、朱敏、刘允斌、刘爱琴等部分中国留学生，勉励他们勤奋学习、锻炼好身体、学好本领，将来报效祖国。

1949年8月14日，刘少奇率代表团从莫斯科回国。同行的还有帮助中国恢复国民经济的苏联专家80多人，其中多数是司（局）级、副部级的专业干部和高级工程师。8月下旬刘少奇等回到我国东北，并在哈尔滨、长春视察工作，8月25日到达沈阳。1949年8月28日，刘少奇在东北局干部会议上做报告，论述了国际形势、国内形势、城市工作、人民代表大会、合作社、人民民主专政、毛泽东的思想对马列主义的发展、国营企业和私人企业等一系列问题。刘少奇回国后即向毛泽东汇报了访苏的详细情况，后又在政治局的会议上做了汇报。毛泽东和中央的其他同志对刘少奇访苏取得的成功表示满意。刘少奇出访苏联后，党中央迁入中南海办公。刘少奇这次访苏回国后，直接住进了中南海。

三、筹备中国人民政治协商会议

1949年9月21至9月30日，中国人民政治协商会议第一届全体会议在北平举行。到会的有中国共产党以及各民主党派各地区、解放军、各团体的代表510人，候补代表77人，特邀代表75人，共662人。9月21日，刘少奇代表中共中央在中国人民政治协商会议第一届全体会议上做了《加强全国人民的革命大团结》的讲话。刘少奇说："这次会议的召开，标志着中国的历史进入人民民主的新时代。这个会议将产生中华人民共和国中央人民政府。即将由政协筹备会提交全体会议讨论和通过的《中国人民政治协商会议共同纲领》，是中国历史上一个极其重要的文献。它说到了我们的一般纲领，确定了我们国家的政权机构和军事制度，决定了我们国家的经济政策、文化教育政策、民族政策和外交政策。"《中国人民政治协商会议共同纲领》是一部人民革命建国纲领；是目前时期全国人民的大宪章；是全国人民革命大团结的坚强政治基础。这个共同纲领包括了共产党的全部最低纲领，但是，中国共产党除开自己的最低纲领之外，还有它的最高纲领，中国将来的前途，是要走到社会主义和共产主义去的。

中国人民政治协商会议第一届全体会议，通过了《中国人民政治协商会议共同纲领》《中华人民共和国中央人民政府组织法》《中国人民政治协商会议组织法》。会议决定北京为中华人民共和国的首都，五星红旗为国旗，《义勇军进行曲》为国歌。在这次会议上，刘少奇被选为副主席。

1949年10月1日下午3时，首都北京三十万军民在天安门广场集会，隆重举行开国大典，在礼炮声中，象征新中国的五星红旗在天安门广场冉冉升起，毛泽东主席站在天安门城楼上庄严地向世界宣布："中华人民共和国中央人民政府今天成立了。"他亲手升起第一面五星红旗，并宣读了《中华人民共和国中央人民政府公告》。朱德总司令宣读了中国人民解放军总部命令，接着，举行了阅兵式和群众游行。从此，在中华民族的历史上翻开了新的一页。

刘少奇作为中央人民政府副主席，他和毛泽东主席、朱德总司令、周恩来总理等中央领导一起登上了天安门城楼，以兴奋的心情出席了这一史无前例的盛典。刘少奇几十年来为之奋斗的建立一个由人民当家做主的新中国的理想终于实现了。

第二节　全国人大第一任委员长

1954年9月15日至9月28日，第一届全国人民代表大会第一次会议在北京举行，会议代表共1226人。这次会议，是新中国成立后举行的首次全国人民代表大会。它的任务是制定中华人民共和国宪法和其他几项重要法律，听取和审议政府工作报告，选举新的国家领导人。毛泽东主持了会议开幕式并致开幕词，提出要把国家建设成为一个工业化的具有高度现代文明的社会主义伟大国家。刘少奇代表宪法起草委员会，在会上做了《关于中华人民共和国宪法草案的报告》，大会选举毛泽东为中华人民共和国主席，朱德为副主席。大会选举刘少奇为全国人民代表大会常务委员会委员长。

刘少奇担任全国人大常委会委员长以后，不负党和人民的重托，履行宪法规定的职权，为我国的经济建设、民主与法制建设等做出了巨大的贡献。

1954年9月15日，刘少奇在大会上做了《关于中华人民共和国宪法草案的报告》。刘少奇说："制定中华人民共和国宪法，在我国国家生活中是一件具有重大历史意义的事情。"他就宪法草案的基本内容做了说明：第一，关于我们国家的性质问题；第二，关于过渡到社会主义社会的步骤问题；第三，关于我国人民民主的政治制度和人民的权利和义务问题；第四，关于民族区域自治问题。

他最后说："宪法的意义是伟大的，宪法交给我们的任务尤其伟大。我们只有经过艰苦的奋斗和顽强的工作，经过不断的努力学习，克服横在我们面前的种种困难，才能达到我们的目的。我们一点也不要因为我们目前所已经得到的成就而骄傲自满。骄傲自满，对于任何个人，任何阶级，任何政党，任何民族都是百害而无一利的。当我们庆祝宪法的制定和公布的时候，我们全国各族人民必须按照宪法所规定的道路，加强团结，在中国共产党的领导下继续努力，谦虚谨慎，戒骄戒躁，为保证宪法的完全实施而奋斗，为把我国建设成为一个伟大的社会主义国家而奋斗。"

第一届全国人民代表大会第一次会议通过的新中国的第一部宪法，是社会主义类型的宪法。它和其他重要法律一起，进一步加强了我国的人民民主制度，为发扬社会主义民主和建立社会主义法制奠定了初步基础。这次会议的举行，结束了中国人民政治协商会议代行全国人民代表大会职权和以《共同纲领》代替国家宪法的过渡状态，标志着我国人民代表大会制度已正式确立起来。

20世纪50年代中后期，我国正处在一个重大的历史转折时期。毛泽东说："中国共产党是领导阶级斗争胜利了的党，现在的任务就是要与自然界做斗争，就是要搞建设。"1956年9月，中国共产党第八次全国代表大会在北京召开。八大及时、正确地提出了党今后的任务，那就是：集中全党、全国人民的力量来发展社会生产力，把我国尽快地从落后的农业国变为先进的工业国，以逐步满足人民日益增长的物质和文化生活的需要。刘少奇代表党中央在会上作了《政治报告》。在这次会上刘少奇当选为中央政治局委员、常委、中央委员会副主席。

八大的召开，是我国由革命转变到建设的标志。随着我国大规模的阶级斗争基本结束，即敌我矛盾、阶级剥削与被剥削的矛盾基本解决，而人民内部的矛盾则逐渐大量显露出来、突出起来，因此正确处理人民内部矛盾成为国家政治生活的主题。从1956年下半年起，我国一些地区接连出现了不安定的苗头。如何正确处理好人民内部矛盾，已是摆在中国共产党人面前一个新的重要课题。1957年，刘少奇曾先后到河北、河南、湖北、湖南、广东等地视察工作，深入群众了解人民内部矛盾的情况和探索如何正确处理这些矛盾的方法。在视察期间刘少奇做了多次重要讲话，特别是在1957年4月27日中共上海市委召开的党员干部大会上，就如何正确处理人民内部矛盾刘少奇做了系统的讲话。他认为现阶段的矛盾仍是人民内部的矛盾，并就人民内部的矛盾的表现形式进行了分析，对于产生人民内部矛盾的原因进行了分析，对其存在矛盾给出了解决办法。刘少奇严格区分两类不同性质的矛盾，对党对人民高度负责的精神，为我们做出了光辉的榜样。

新中国成立以后，摆在我们党面前的首要任务，是加紧经济建设，不断提高人民的物质和文化生活水平。在抓紧经济建设的同时，如何加强社会主义的民主与法制建设，以保护、促进经济建设的顺利发展。对此，刘少奇根据我国的实际，对社会主义的民主与法制建设，做了深入地探讨，提出了许多宝贵的、科学的见解，对促进我国的民主与法制建设起到了重要作用。其中主要有：生产资料公有制是社会主义民主的物质基础；人民代表大会制度是一个"有伟大功效的制度"；社会主义的民主要有社会主义法制来保护；发扬社会主义民主，必须反对官僚主义；坚持党的集体领导原则，扩大党内民主，其中最重要的就是开展批评与自我批评原则。

无产阶级法制，就是人民民主的法制，也就是社会主义法制。刘少奇指出，"法制不一定是指专政方面的，人民内部也要有法制，国家工作人员和群众也要受公共章程的约束"，"法院独立审判是对的，是宪法规定了的，党委和政府不应该干涉他们判案子。检察院应该同一切违法乱纪现象做斗争，不管任何机关任何人。不要提政法机关绝对服从各级党委领导。

它违法，就不能服从。如果地方党委的决定同法律、同中央的政策不一致，服从哪一个？在这种情况下，应该服从法律、服从中央的政策"。

在中国，领导我们事业的核心力量是中国共产党。共产党内的民主化程度如何，直接影响到全国民主化的程度。同时要扩大民主，就要开展批评与自我批评。因此，在全国人民代表大会的会议上，在地方各级人民代表大会的会议上，在一切国家机关的会议上和日常活动中，都要充分地发扬批评和自我批评的精神。我们必须运用批评和自我批评的武器来推动国家机关的工作，不断地改正缺点和错误，反对脱离群众的官僚主义，使国家机关经常保持同群众的密切联系，正确地反映人民群众的意志。如果没有充分的批评和自我批评，也就不能达到和保持人民的政治一致性。压制批评，在我国的国家机关中是犯法的行为。

宪法规定公民有劳动权和受教育的权利。刘少奇担任全国人大委员长以后，除了参与决策全国的大政方针以外，他经常到全国各地视察工作、深入基层、深入群众进行调查研究，特别是对关系到培养人才、科技进步、发展经济和提高民族素质的教育工作非常重视。根据我国的国情，在新形势下如何围绕经济建设来办教育，刘少奇提出了"两种教育制度和两种劳动制度"，为社会主义的新型教育，开创了一条新的途径。

1957年2月至4月，刘少奇先后到河北、河南、湖北、湖南、广东等省视察。所到之处，他深入基层，同工人、农民、教育工作者谈话，向广大干部群众宣传毛泽东关于正确处理人民内部矛盾的思想，并专门就教育问题召开了座谈会和做了多次讲话。全国解放后，我国的教育事业有很大发展，但由于受各方面条件的限制，当时还不能普及中等教育，刘少奇针对当时中小学迅速发展带来的中小学毕业生的安置和就业问题，进行了深刻的分析，提出了符合我国国情，利于教育、利于培养人才和利于发展经济的改革教育的科学构想。

1957年3月22日，刘少奇在长沙市中学生代表座谈会上就中小学毕业生参加农业生产问题做了重要讲话。刘少奇认为，要把接受教育看成是一种平常的事情，不能高看它也不能鄙视它。劳动是光荣的，工作是不分贵贱的，青少年尤其是青年人更应该认识到农业的基础教育的重要性，认识到农村在社会主义国家中的作用。刘少奇认为，社会主义的农村前程似锦，一代有文化的青年在农村从事农业生产大有作为。同时提倡学生勤工俭学，学生用课余劳动所得的报酬去解决自己学习费用和生活费用上的困难，这既解决了自己的困难，又减轻了国家和集体的负担，是"普及教育的一个重要途径"。更进一步地提出半工半读的教育方式，因为这种教育制度在社会主义制度里有着明显的优越性：首先，半工半读教育在培养目标、专业设置、教学计划、教材内容、教学方法上打破了全日制学校的框框，把发展教育与发展经济紧密结合起来，在较短的时间内能培养出既有一定科学理论知识，又有生产操作技能；既能从事脑力劳动，又能从事体力劳动的新型劳动者，使教育更好地为经济建设服务。其次，半工半读的学校，能及时为工厂企业和农村培养、补充技术后备力量，促进科学技术的普及和发展，同时也促进劳动制度的改革。再次，半工半读教育能充分发挥工厂企业等部门和单位的办学潜力，勤俭建国，为国家节约开支。据调查，培养一个中专毕业生所花的钱，可以用来培养四个半工半读的学生。因此，半工半读教育是多快好省地培养中等技术人才的重要途径。

刘少奇不愧为伟大的马克思主义者、无产阶级革命家，不愧为我们党和国家的卓越领导人。在教育问题上，他有远大的眼光和科学的创见，特别是关于"两种教育制度、两种劳动制度"的主张，是对马列主义教育理论的重要贡献。他提出的"两种教育制度、两种劳动制度"，在50多年后的今天，仍具有重要的现实意义。

第七章　清正廉洁 忧国忧民

第一节　共和国主席在海南

　　海南岛，面积3.2万平方公里，是我国的第二大岛。岛的东部和南部临南海，西部连接北部湾，北部是琼州海峡，与雷州半岛隔海相望。这里终年无霜，农业生产四季皆宜，盛产橡胶、油棕、剑麻、咖啡、可可、胡椒等。莺歌海盐场为我国南方最大的盐场。海南岛和台湾一样同为我国的两大宝岛，也都是旅游的名岛。

　　1954年4月，在第二届全国人民代表大会第一次会议上，刘少奇当选为中华人民共和国主席兼国防委员会主席，从此，国务工作更加繁忙。这年秋天，他在长期革命斗争中患下的肩周炎复发了，有时痛得满头大汗，带病坚持工作了一段时间后，病情更加严重。党中央和毛泽东对刘少奇的健康十分关心，要他去海南岛休养治疗。

自1958年1月"南宁"会议后，全国"大跃进"已经进行了一年多，当时全民大炼钢铁顾此失彼，国民经济内部比例失调，在城市、农村、生产、分配等方面已暴露出许多矛盾，需从理论上认真探讨以便解决矛盾，不断前进。正在这时，毛泽东号召大家"学点政治经济学"。就如何解决经济建设中的这些矛盾，刘少奇曾做过大量的调查工作，但在理论上还没有较集中的时间来进行系统地研究和探讨。这次中央决定让他去海南休养和治疗，正是学习、探索、寻求解决经济建设中各种矛盾的好机会，刘少奇下定了去海南边治疗边学习的决心。

毛泽东提出要多学点政治经济学，刘少奇对毛泽东历来尊重，凡是毛泽东倡导要读的书他一定会去读。建国初期，刘少奇由于工作过于劳累，身体情况不好，毛泽东关心他的健康，批准他去杭州休养。从北京去杭州时，他特地把几本厚厚的《中国通史》带上。到杭州后，他住在军区院内，尽管杭州的名胜古迹和西子湖的湖光山色令人陶醉，但他很少外出游览，而是每天戴着老花眼镜用10多个小时的时间来阅读《中国通史》。刘少奇这次去海南休养，他响应毛泽东"学点政治经济学"的号召，特地带上了《政治经济学教科书》第三版第四、

五、六、七分册，以便利用疗养时间认真阅读和探索新的理论，为解决国内经济建设中各种矛盾寻求理论依据。

1959年11月1日，刘少奇和王光美以及身边的工作人员乘飞机离开首都北京前往海南岛。当飞机在海南岛南端的崖县（现为三亚市）降落时，这里是另一番景象。在北方已经是冰天雪地的严寒季节，这里却是阳光炽热，鲜花盛开。当刘少奇一行到达机场时受到了陶铸、林李明和当地党政军领导的热烈欢迎。刘少奇一行住进了鹿回头招待所，刘少奇和王光美住在一号楼，他们在这里生活、学习了将近一个月。

鹿回头，是个神奇而又美丽的地方。位于三亚市三亚港南五公里处，和东面榆林港仅有一山之隔。在这遍布珊瑚、礁石的海滩上，有一座山岭拔地而起，从东北向西南延伸，然后折向西北，雄伟峻峭，恰似一只金鹿站立海边回头观望，这就是当地黎族民间传说中的"鹿回头"。虽然这里风景迷人，但仍牵动不了刘少奇的心，他于1959年11月1日下午来到这里，第二天就开始潜心阅读《政治经济学教科书》。为了使这次学习更富有成效，刘少奇又亲自写信给在京的李富春、杨尚昆等人，请他们迅速选派两名经济学家来辅导学习。不久，中央决定选派著名经济学家薛暮桥和王学文到海南岛辅导学习。

　　刘少奇为了使大家都能学好政治经济学，他把身边的秘书、医生、护士、警卫人员等工作人员都组织起来成立了一个学习小组，还有广东省一些领导也常来参加学习和讨论。这是一个特殊的学习小组，论职务有国家主席，也有普通的工作人员；论年龄有60多岁的老人，也有20多岁的年轻人；论文化有专家教授，也有普通文化的人，然而他们在学习中都是平等的学员。1959年11月10日，刘少奇主持召开第一次学习讨论会，在会上他对这次学习方法、学习制度提出了自己的看法和建议。他侃侃而谈，看他自如且耐心的态度，许多同志也就渐渐放弃顾虑，开始无拘无束，畅所欲言，最后出现了活泼的学习局面。

　　1959年11月8日上午，刘少奇在广东省和海南行政区领导的陪同下，乘军舰到海南岛南面的东瑁洲岛视察和看望部队的官兵。按国家礼节规定，国家主席登上军舰时要举行庄严的如升旗、列队、奏乐等仪式，而事先刘少奇就对有关人员说，"不要搞这一套，能节省的就节省，又不是接待外国人，搞那个有什么用嘛！"就这样，作为中华人民共和国主席的刘少奇和陪同的人员一道，很平常地登上了军舰，当军舰快驶到东瑁洲岛时，由于军舰太大，不能直接靠近海岛，必须换乘舢板才能上岸。当时海风很大，波涛汹涌，部队领导考虑到刘少奇的安全，提出调汽艇送他上海岛。刘少奇知道后，指着正在乘舢板的同志对部队领导说："大家都乘舢板，我也不能特殊嘛！"随即，他轻快地踏上舢板，迎着风浪顺利地登上了小岛。刘少奇处处把自己看作是普通群众的公仆精神，使在场的同志无不为之感动。

刘少奇到鹿回头以后，一面治疗肩周炎，一面潜心地学习政治经济学。但他还想着一件事，就是要到附近的村寨去看看，了解黎族群众的生产和生活情况。在与黎族人民接触的过程中，与他们进行座谈，要他们谈生产、生活情况、存在的问题，提出意见与要求。在座谈过程中，到会群众除了反映生产生活中的一些问题外，还突出地提到了村里小学规模很小、办学条件很差，小学毕业后又没有地方读初中，饮水困难、水质差等情况，大家发言很热烈。刘少奇把这些意见写在本子上，牢记在心中。

开完座谈会后，刘少奇察看了群众的住房和生活情况。当时这个黎族村寨的群众住房比较分散，住的都是又矮又小的草房，里面阴暗潮湿，饮水很不卫生。刘少奇看了这些情况后，对陶铸说："各级党委和政府对这些地方要适当给予特殊照顾，帮助他们发展生产，尽快改善他们的生活，迅速改变生产、生活上的落后面貌。"

广东省和海南行政区，对刘少奇的指示高度重视，不久，当地政府发动群众，积极改善生产条件，开展多种经营，广辟各种生产门路，使该村较快地改变了面貌。与此同时，在政府的资助下，村寨拆掉了各户的小草房，按照规划建起了新的砖瓦房；村上新打了符合卫生标准的饮水井；原有小学进行了扩建，村上设立了初中，办学条件得到了改善，长期以来入学难的问题终于得到了解决。有关部门还无偿地拨给了该村农用汽车、拖拉机等大型生产工具，为黎族兄弟发展生产提供了有力的物质基础。

刘少奇到鹿回头已经20多天了，许多国家大事都等他去处理。1959年11月24日，正是他的61岁生日，一早他和工作人员一道乘汽车离开鹿回头去海口，中途要经过万宁、琼海、文昌等县，他决定到这几个地方视察后由海口回北京。11月24日上午，刘少奇乘车进入万宁县，他不顾旅途的疲劳，视察了南桥农场的橡胶园，紧接着又乘车前往兴隆华侨农场视察。刘少奇一行来到农场时已近中午时分，他向场里的领导详细询问了生产、经营管理、场员生活等情况，刘少奇事先告诉农场不要准备中饭，临时决定在这里吃了顿极简单的便饭。随后，刘少奇又深入到场里的咖啡园、胡椒园、植物标本园、油棕园等生产场地视察生产情况，并向有关人员询问了各种作物的栽培技术、用途和经济价值等。当看到各种作物生长良好，职工情绪饱满时，刘少奇高度赞扬了归侨们艰苦奋斗、爱国、爱乡、爱劳动的革命精神和高尚品德，鼓励他们在党的领导下，以场为家，用自己辛勤的劳动，把农场建设成富裕、文明、幸福的乐园。在视察生产的过程中，刘少奇还对场里的领导说："你们要以发展橡胶生产为主，开展多种经营，以主带次，以次促主，使各项生产协调发展。农场要充分利用零星土地，多种蔬菜和其他经济作物，补充改善职工的生活。"

刘少奇来兴隆华侨农场视察的消息，很快传遍了全场，干部职工感到节日般的高兴和愉快，他们都是第一次见到自己的国家主席，而刘少奇又是如此地平易近人、和蔼可亲，还无微不至地关心他们的生产和生活，他们多么渴望能和刘少奇合影，把人生中的这一幸福时刻记录下来并作为永久纪念。刘少奇好似看出了大家的心思，离开农场时，他提议和大家一起合影，在场的群众喜出望外，留下了珍贵的照片，留下了永久的纪念。

　　当天傍晚时分，刘少奇一行到达琼海县县城嘉积镇，在县招待所住下后，刘少奇不顾一天紧张的行程和多处视察访问的疲劳，晚上又找来县委的领导，请他们汇报商业方面的工作情况。刘少奇听了汇报后对县委的同志说："商业工作很重要，关系到人民的生产和生活，要做好商业工作，首先要发展生产，商业才有广阔的市场，商业工作搞好又能促进生产的发展。国营企业和公私合营企业要互相学习，取长补短。做商业工作的同志要牢固地树立起生产观点、群众观点、流通观点，要把商业工作搞活，做到经济、社会效益双丰收，把我们的商业工作办成名副其实的社会主义商业。"

　　1959年11月25日，工作人员安排刘少奇直接去海口，但他坚持还要看看农村的情况。上午，刘少奇又视察了琼海县当时最大的公社大路人民公社。这里是琼海县的产粮区，但由于受"五凤"的影响，当时生产很不景气，农民没饭吃，水肿干瘦病人多，农村荒田荒土不少。刘少奇除听汇报外还深入田间地头和农户家中察看，然后他语重心长地对公社干部说："我们做什么事情都要从实际出发，要相信和依靠人民群众，不要搞一刀切、一律化。在搞好集体生产的同时，要让农民利用空余时间种好自留地，让他们开点零星的荒地，种点粮食和蔬菜，作为生活的补充，使他们的生活得到改善。我们当干部的是人民的勤务员，既要维护国家利益，又要关心群众的利益，处处为群众着想。只要群众拥护我们，什么事情都好办。"刘少奇又参观了六一综合总厂和炼铁分厂等单位，然后乘车前往海口。

刘少奇在来海南近一个月的时间里，名义上是来疗养治病，而实际上是忙于学习，关心海南人民的生产、生活和各项建设。在海南的工厂、农村、海岛，在黎族兄弟的家中，留下了他的足迹。他处处为群众着想的公仆精神永远铭记在海南人民的心中。

第二节　忧国忧民赤子心

1958年8月29日，中共中央在北戴河召开的政治局扩大会议上，通过了《中共中央关于在农村建立人民公社问题的决议》。随后，全国开始了轰轰烈烈的人民公社化运动。

轻率地发动农村人民公社化运动，是我们党在20世纪50年代后期工作中的又一个重大失误。这个失误是伴随着"大跃进"运动的失误而产生的。"大跃进"和农村人民公社化两大运动的发动，有着共同的急于求成和夸大主观能动性等思想根源，在运动进程、发动方式、影响和后果等方面，也有着不可分割的关系。但性质有所不同，前者主要表现在生产力发展方面的盲目冒进，而后者则主要表现在生产关系和社会制度的变革等方面的盲目冒进。谁违反了客观规律，就会受到历史的惩罚。这段难忘的历史，引人深思。

1961年3月14日至23日，中共中央在广州召开了中央工作会议，会议讨论并通过了《农村人民公社工作条例（草案）》，这是自公社化以来比较彻底地解决农业问题的一次重要会议。刘少奇参与主持了这次会议，会议期间，他于3月19日在中南、华北地区小组会上，就调查研究是做好工作的根本方法做了重要发言。他说："调查研究是世界观，又是方法论，是彻底的唯物主义者、共产主义者必须坚持的。"4月1日，刘少奇携王光美乘火车到达长沙，4月2日上午听取湖南省委的工作汇报，下午驱车来到宁乡县东湖塘公社王家湾生产队做调查。刘少奇4月8日晚到韶山，9日去长沙向毛泽东汇报工作。4月12日至月底，在长沙县广福公社天华大队做调查18天，后又回长沙。5月2日至12日，刘少奇回到了自己的家乡宁乡花明楼公社炭子冲大队等地做调查，16日离开长沙回北京，历时44天。刘少奇时任中共中央副主席，中华人民共和国主席兼国防委员会主席，他日理万机，心忧天下。

到湖南后，省委为刘少奇严密地布置了安全保卫工作，安排了轿车，并在他下乡居住的地方运去了床铺、沙发和洗澡盆等。刘少奇知道后，严肃地对省委领导和有关同志说："这次调查要采取过去打游击的办法，穿布衣、背被包，自带油盐柴米，自备碗筷用具，人要少，一切轻装简行，只要两部吉普车，想住就住，想走就走，一定要以普通劳动者的身份出现，不这样，调查研究之风不能兴起。"他说到做到，身体力行。

刘少奇在宁乡、长沙调查时，问群众公共食堂到底有没有优越性？开始群众违心地都讲食堂好；后来要他们讲心里话，群众不讲食堂好，也不讲不好，含糊其辞。刘少奇知道他们有顾虑，便进一步启发他们说："请你们都讲心里话，一点都不要顾虑，好就讲好，不好就讲不好，说错了也不要紧，不批评，不辩论，不要怕讲了食堂不好就是反对社会主义。"虽然大部分群众只讲了1958年前没办食堂时的优越性，但这也是刘少奇与群众用心交谈的结果。他虚心向群众请教，诚恳地对大家说："我们下来搞调查，是请教你们，向你们学习。究竟是我们帮助你们，还是你们帮助我们、帮助中央？第一，是你们帮助我们；第二，才是我们帮助你们。你们不帮助县委、省委、中央，那中央的政策、省委的政策、县委的政策就不会正确。所以，中央也好，省委也好，县委也好，要靠你们的帮助，就是说要靠老百姓的帮助。"讲完话，刘少奇取下头上戴的蓝布帽子，恭恭敬敬地向群众行了个鞠躬礼。在场的群众深感共和国主席是一位慈祥、谦逊的长者，又是一位关心体贴他们的亲人。还有什么话不能跟他讲呢？

在宁乡、长沙县调查时，他每到一个地方都不要当地领导陪同、不搞前呼后拥、不影响当地党委和政府的工作，而是直接深入到基层与干部群众交谈，悉心倾听他们的意见与要求。鼓励他们说真话，想听他们真实的心声，向身边的工作人员强调调查要一切从实际出发。

1961年5月2日下午，刘少奇从长沙回到宁乡县。听取了宁乡县委的情况汇报。宁乡是刮"五风"严重的县，当时的县委第一书记康政向刘少奇汇报：1959年宁乡全县人口为83万人，到1961年减少到77万人，因饥饿水肿和其他疾病死亡的人数为5万，外出谋生的人数约为3万。1959年全县粮食产量6亿斤，1960年减少到3.6亿斤，群众生产、生活极端困难。5月3日下午，刘少奇回家乡炭子冲做调查，从车上向外望去，山光秃秃的，往日秀丽迷人的山水和画卷般的田野，变得像一个贫病交加的老人，失去了生机和自然的美，在刘少奇的脸上也看不出一点回家乡的喜悦。傍晚，他回到了阔别40多年的炭子冲屋场，在这里住了6天6晚。几天中除请基层干部、社员来旧居交谈开会外，大部分时间都用在走村串户、细察民情、倾听干群的心声上。在听到百姓心声后，加紧制定可施行的方案去解决民众关心的问题。制定文件后，刘少奇派人把文件送往在杭州的毛泽东手里。后来批转在全国执行不到一年功夫，近80万人口的宁乡县基本解决了社员的住房问题，社员房产定权发证，使社员安居乐业。

刘少奇这次回乡调查，解散了不利于群众生产、生活的农村公共食堂，清退了平调的社员房屋，这两件事受到农民的热烈拥护。但这只是调整了部分生产关系，要迅速恢复和发展生产关系，关键还在于进一步调整、改革生产关系，改革政治体制和经济体制，进一步解放生产力。当时刘少奇虽然没有明确提出"改革"政治体制、经济体制的概念和完整的改革措施，但他在多天的农村调查中，细心倾听群众的呼声，分析各种矛盾的原因，总结正反两个方面的经验教训，采纳群众的正确意见，提出了许多探索性的改革意见。主要有：容许多种所有制的存在；搞社会主义要贯彻按劳分配、等价交换的原则；在发展商品经济的同时，搞好商品流通渠道，开放农村集市贸易；坚持群众路线，建立健全民主制度。

1959年，宁乡县和全国各地一样，开展了反右倾运动。从县到生产队层层抓典型，级级搞批斗。平时敢讲真话、坚持实事求是的干部群众遭到了批斗和打击。而在"大跃进"、人民公社化运动中大刮"五风"的干部，当时很吃香，有的还得到了重用和提拔。在"左"的思想指导下，有一段时间社会风气被搞得黑白颠倒，是非不分，真假不辨，造成思想严重混乱。

这年夏天，县委宣传部长老程带领工作组去月山乡做社员思想调查，了解到不少地方早稻还没有成熟，而有的基层干部只强调插晚稻要抢季节，硬性规定所有早稻一律要在规定的时间内收割完。社员在收割早稻时，没有成熟的谷粒，由于打谷机的高速转动，流出了米浆；稻谷还未成熟的禾穗叶子特别锋利，用手去拿时，稍不小心手被划破流出鲜血；社员看到自己辛勤劳动的成果、到口的粮食被白白浪费，伤心地流出了眼泪。老程将群众反映的这"三出"如实地向县领导报告，建议立即纠正这种不从实际出发、劳民伤财、瞎指挥的不良作风。结果意见未采纳，还招来了大祸。加上其他一些莫须有的罪名，他被打成全县"右倾"的总头目。说他诬蔑通向共产主义的桥梁——人民公社；恶毒攻击"大跃进"、总路线；打击人民群众的冲天革命干劲。批斗时小事上纲，各事上线，所有的"坏事"差不多都与他有关，所有的"坏人"差不多都与他有联系。为了斗，既触及灵魂，又触及肃清"流毒"，小会批，大会批。这样一连整了好几个月，后来他被开除党籍、干籍，戴上了"右倾机会主义分子"的帽子，被送回老家劳动改造。

这位部长对自己的"罪行"一直不服。从被开除的那天起，就向党组织申诉要求平反，但都是石沉大海没有回音。机遇终于到来了。一个偶然的机会，老程打听到刘少奇到了宁乡，便萌发了向他写申诉信的念头，但又想到，国家主席国事繁忙，日理万机，哪有时间来顾及这样的小事。然而，机会难得，他抱着试试看的心理，赶紧写了一份申诉信，托人送到县委传达室，恳请转交刘少奇。信很快交到了王光美手里，刘少奇看完信后指示，情况如果属实，应从速予以平反。并将申诉信批转给当时任省委书记处书记的徐启文。徐启文又批转给省公安厅厅长、陪同刘少奇做农村调查的李强，请他调查处理。李强遵照刘少奇的指示，与有关部门研究、调查，落实了材料，建议主管单位撤销对这位部长的错误处分。

在老程交申诉书的一个月后，他接到了上级的通知，撤销原来对他的处分，予以平反，恢复党籍，恢复工作。从这件案子的处理来看，充分体现了刘少奇重视人民来信，坚持实事求是，对人民高度负责的革命风范。

齐海湘案件，刘少奇也是一样，从事实出发，为民意而为。只要面对这种情况，刘少奇只要见到就会令其改正，刘少奇通过40多天的、具有历史性的农村调查，较全面地了解了农村中许多真实情况，特别是对1958年以来"大跃进"、人民公社化以来，在发展生产方面急躁冒进，在改变生产关系上片面地求，生产急剧下降，造成人民群众生活难以维持的情况有了深刻的了解；对当时农村的形势有了正确的评估；对造成困难的原因找到了症结之所在；对如何解决群众面临的生产生活上的困难心中有了底，为我党在当时历史条件下进一步调整和制订农村政策找到了科学依据。1961年6月，党中央根据刘少奇、周恩来、朱德、邓小平、彭真等中央领导和有关同志在湖南、河北、四川、北京等地对农村公共食堂的调查，终于使我们党在这个曾经被视为"共产主义萌芽"、许多人为此吃过苦、挨过整的问题上，取得了突破性的进展，认识基本统一了。随后，又取消了"供给制"；贯彻按劳分配；基本核算单位由生产大队下放到生产队通过生产、分配关系的调整，大大促进了生产的发展。

1962年1月1日至2月7日，为了总结1958年"大跃进"以来的经验教训，党中央在北京召开了扩大的工作会议。刘少奇代表党中央在会上做了工作报告。报告中指出，"这几年的经验教训，我们不要忘记了"，"要实事求是地承认缺点和错误，要总结经验，要善于学习"。

第八章　国外出访

第一节　出访东南亚

1963年4月至5月，刘少奇以中华人民共和国主席的名义，应邀访问了印度尼西亚、缅甸和柬埔寨。这是我国国家元首第一次访问东南亚国家。刘少奇所到之处，受到了上述三国政府和人民的热烈欢迎，他的出访，在中国和东南亚国家之间架起了一座友谊的桥梁。

一、盛情的千国之岛

印度尼西亚共和国简称印尼，位于亚洲东南部，地跨赤道，由太平洋、印度洋之间3000多个大小岛屿组成，号称"千岛之国"，面积190.4万平方公里，是世界上最大的群岛国家。1963年4月，正值春暖花开的时节，中华人民共和国主席刘少奇携夫人王光美应印度尼西亚共和国总统苏加诺的邀请，于1963年4月12日乘专机前往印度尼西亚进行友好访问。陪同刘少奇访问的有国务院副总理兼外交部长陈毅和其夫人张茜，还有其他随行人员。

1963年4月12日，苏加诺总统和数以万计的群众在机场迎接刘少奇一行，机场上举行了隆重的欢迎仪式。4月13日，刘少奇和夫人王光美及其随行人员，在马腰机场参加了印度尼西亚航空节庆祝活动。苏加诺总统代表印度尼西亚政府和人民对刘少奇一行的来访表示热烈的欢迎，印度尼西亚空军进行了精彩的表演。晚上，苏加诺总统在独立宫举行了盛大的国宴招待刘少奇和夫人王光美。苏加诺总统和刘少奇在宴会上盛赞了印度尼西亚共和国和中华人民共和国之间的战斗友谊。

刘少奇在致词中表示中国和印度尼西亚共有七亿五千万人口，加强七亿五千万人口的战斗友谊，不仅符合我们两国人民的切身利益，而且对于促进亚洲团结和维护世界和平具有重要意义。中国和印度尼西亚两国在反对帝国主义的共同斗争中，一贯相互支持。他再一次表示衷心地感谢印度尼西亚政府和人民一贯支持中国人民解放台湾和反对"两个中国"的斗争，主张恢复中华人民共和国在联合国的合法权利。他代表中国政府和人民，热烈祝贺印度尼西亚政府和人民在收复西伊里安的斗争中所取得的重大胜利。他说，"印度尼西亚是具有光荣革命传统的国家，印度尼西亚人民是伟大的英雄的人民"，"印度尼西亚在国际事务中的作用不断增长；印度尼西亚的国际地位不断提高；印度尼西亚对历史性的亚非会议做出了卓越的贡献。印度尼西亚坚持万隆会议十项原则，为亚非各国的团结反带事业，做出了许多有成效的努力"，"印度尼西亚共和国已经成为反对帝国主义和殖民主义、维护东南亚和整个亚洲和平与安全的一个重要力量"。

1963年4月14日，刘少奇向位于印度尼西亚首都郊区加里巴塔的烈士墓敬献了花圈。4月15日，刘少奇一行在苏加诺总统的陪同下参观了茂物的总统别墅，并到茂物植物园游览。4月16日，刘少奇一行在苏加诺总统的陪同下，参观了位于万隆以北约20公里的复舟山喷火口。4月17日，刘少奇一行到距日惹市西北约42公里的婆罗浮屠佛塔参观。4月18日，巴厘5万群众在巴厘首府巴塘举行盛大群众集会欢迎刘少奇及其夫人。4月19日，刘少奇和夫人王光美在雅加达国家宫举行的告别宴会上，向苏加诺总统告别，向盛情的印尼人民告别。刘少奇一行经过8天的友好访问，于4月20日乘专机离开雅加达前往缅甸进行友好访问。

二、"胞波"情谊万古流

中国和缅甸是紧密的邻邦，两国有着两千多公里绵亘不断的共同边界。虽隔着崇山峻岭，山高水深，却是山连着山，水连着水，两千多年来经过两国各族人民世世代代的往来，早已开辟了水陆往返的通道。自唐代以来，我国和缅甸的海陆交通就已经大体形成。此后，历经宋、元、明、清，两国的交往日益密切，海陆交通的路线也逐渐完备起来。在唐代的前后，两国人民在交界处就沿着群山中的河流、山路来来往往，当时我国的大理、永昌就已经成为通往缅甸的重要城市，同时经过缅甸伊洛瓦底江一带与其他各国频繁交往，在当时伊洛瓦底江的口岸，不仅是缅甸和各国交往的要地，而且为我国通往海外各国提供了极大的便利，使两国人民在经济、文化上的友好往来一天天密切起来。

早在1960年1月，缅甸就同我国签订了亚洲国家之间的第一个和平条约——中缅友好和互不侵犯条约，把两国之间的友好合作关系用条约的形式固定下来，而且双方忠实地履行条约，为各国提供了睦邻友好关系的良好范例。

缅甸也是第一个同我国通过友好协商解决边界问题的国

家。两国政府本着互让互谅的原则，于1960年10月1日签订了中缅边界条约，公平合理地解决了已经存在一百多年的复杂的边界问题，维护和加强了中缅两国之间的团结。多年来两国之间的边界始终是和平的边界，两国边界的居民始终友好相处，这对于亚洲各国之间处理历史上遗留下来的边界问题产生了极为深远的影响。

为了加深中缅两国人民和政府的密切交往，1963年4月，中华人民共和国主席刘少奇和夫人王光美，应缅甸联邦革命委员会主席奈温的邀请，于4月20日乘专机由雅加达到达缅甸首都仰光，对缅甸进行友好访问。刘少奇带着中国人民的友情，来到这个美丽的国度。

刘少奇和他的随行人员在明加拉顿机场受到奈温主席的热烈欢迎。1963年4月21日，刘少奇一行在仰光参观了世界著名的瑞光大金塔。瑞光大金塔不仅是缅甸民族文化的代表，同时又是缅甸人民独立的象征。刘少奇参观完佛塔后，捐款6000缅元，供修复宝塔之用，晚上，奈温主席在仰光国宾馆的花园里举行盛大国宴，招待刘少奇和夫人及其一行。

宴会上奈温主席和刘少奇先后讲话。刘少奇在讲话中对缅甸政府和人民给予的欢迎表示感谢。刘少奇说："中缅两国是山水相连的邻邦，我们两国人民是亲如手足的'胞波'。在我们两国独立以后，我们的传统友谊又在新的基础上获得了巨大的发展。大家知道，缅甸是最早同中华人民共和国建立外交关系的国家之一。我们两国共同倡导了和平共处五项原则。我们友好地解决了历史遗留下来的边界问题。我们两国签订了友好和互不侵犯条约。我们两国政府和两国人民进行了频繁的友好来往。我们两国在经济和文化方面的联系日益扩大。可以毫不夸张地说，中缅两国友好关系的发展，是亚非国家和睦相处、友好合作的一个光辉范例"，"我们两国都是从殖民主义的侵略和压迫下解放出来不久的国家。殖民主义的长期统治和侵略在我们两国关系中遗留下来一些悬而未决的问题。但是，我们两国领导人在处理这些问题的时候，始终以两国人民和亚洲和平根本利益为重，而不被陈腐的殖民主义观念所束缚。我们两国之间的关系是完全平等的。我们双方都尊重自己，也尊重别人。我们双方坚持通过友好协商、互谅互让解决我们两国之间的一切问题。我们任何一方从不损人利己，把自己的片面意见强加于另一方。和平共处的原则是适用于有关双方的原则。在我们两国关系中，我们真正做到了互相尊重主权和领土完整、互不侵犯、互不干涉内政、平等互利。正因为是这样，我们两国才能够在很短的时间内合理地解决了两国之间极其复杂的边界问题，并且全面地开展了两国之间友好的合作关系。我们两国人民在历史上从来就是友好的。但是，我们两国的关系从来没有像今天这样亲密"。

刘少奇还说："同缅甸一样，中国也非常重视亚非国家的团结。我们一贯努力同亚洲邻国发展友好睦邻关系，解决历史遗留下来的问题。在我国同缅甸解决了边界问题之后，我们又同尼泊尔、蒙古人民共和国、巴基斯坦解决了边界问题。中国同阿富汗王国之间边界问题的谈判，不久也将开始。为了和平解决中印边界问题，几年来中国政府做了坚持不懈的努力，尽管这个问题一时还看不到解决的迹象，我们并不感到灰心。既然这么多邻国都同中国解决了边界问题，为什么偏偏中印边界问题就不能和平解决呢？大家很关心中印边界的局势。我可以告诉各位朋友们，由于中国采取了一系列的主动措施，中印边界的局势已经缓和下来了。中国主张中印双方原则上接受以科伦坡建议为基础，迅速开始中印直接谈判。即使一时谈不起来，中国政府通过谈判和平解决中印边界问题的决心是坚定不移的。我们相信，中印边界问题终究是要和平解决的，亚洲的个大国终究是要友好相处的。"

国宴结束后，刘少奇和随行人员在奈温主席的陪同下，在宾馆观看了文艺表演。1963年4月22日，刘少奇及其随行人员在奈温主席和夫人的陪同下乘专机前往缅甸掸邦首府东枝访问。4月23日，刘少奇一行到达缅甸西南海岸的海滨休养地额不里。刘少奇和奈温主席在额不里举行了会谈。4月24日，刘少奇一行在奈温主席和夫人的陪同下从额不里海滨回到仰光。4月26日，刘少奇和夫人王光美以及随行人员结束了对缅甸7天的友好访问，离开仰光回国。

三、中柬友谊新篇章

1963年5月1日，刘少奇和夫人王光美应柬埔寨国家元首诺罗敦·西哈努克亲王的邀请，乘专机前往柬埔寨进行友好访问。陪同刘少奇访问的有国务院副总理兼外交部长陈毅和其夫人张茜及其一行。柬埔寨王后陛下和国家元首西哈努克亲王到机场迎接中国贵宾。

刘少奇一行在西哈努克亲王的陪同下参观了关于人民社会同盟成就的永久性展览会，西哈努克亲王亲自做介绍。展览会展示了柬埔寨自1955年以来在各方面取得的显著成就。柬埔寨取得的这些成就，得到了中国客人的高度赞赏，刘少奇和其夫人、陈毅和其夫人在纪念册上题了词。在西哈努克亲王的陪同下，他们参观了金边市容。1963年5月2日，刘少奇和夫人王光美在西哈努克亲王和夫人的陪同下，乘专机从金边到达暹粒参观访问。暹粒位于金边西北300多公里处，是以吴哥古迹闻名世界的游览胜地。当晚，西哈努克亲王在国宾馆举行盛大国宴，招待刘少奇和夫人王光美及其随行人员。刘少奇在讲话中表示，柬埔寨王国是一个爱好和平、珍视独立的国家，我国也是，所以两国应该相互帮助，相互尊重，友好相处。

1963年5月4日，刘少奇在西哈努克亲王的陪同下前往金边西南100公里的游览胜地基里隆，并在这里举行了会谈。5月5日，刘少奇离开基里隆回到金边。刘少奇在金边政府饭店举行告别宴会，宴请柬埔寨国家元首西哈努克亲王。在宴会上刘少奇和西哈努克亲王分别发表了热情洋溢的讲话。刘少奇在讲话中向西哈努克亲王、柬埔寨王后及柬埔寨政府和人民表示诚挚的谢意。他说由于西哈努克亲王的精心安排，这次访问取得了圆满的结果，他和他的同事不仅向柬埔寨人民传达了中国人民的亲切问候，同时也亲身体会到了柬埔寨人民对中国人民的深厚情谊。刘少奇表示他将非常高兴地把柬埔寨人民这种真挚深厚的友情，转达给中国人民。

刘少奇和西哈努克亲王在王宫的月亭签署了联合声明。它的基本内容是：刘少奇在访问柬埔寨期间同诺罗敦·西哈努克亲王进行了会谈，双方意见完全一致。双方认为有必要牢固地保持并且在和平共处五项原则和万隆会议十项原则的基础上，加强和发展两国政治、经济、技术合作关系。中国政府支持柬埔寨人民为维护主权和领土完整一贯进行的勇敢斗争，支持柬埔寨王国政府的和平中立政策，坚决反对帝国主义及其追随者对柬埔寨主权和中立的侵犯。坚决支持柬埔寨提出的由扩大的日内瓦会议与会国家保证和尊重柬埔寨的中立和领土完整的建议。柬埔寨方面重申台湾应该无条件地归还给中国，恢复中国在联合国的合法权利。柬埔寨方面对中国为和平解决中印边界问题所采取的主动措施给予高度评价，并希望中印双方尽快地在科伦坡建议的基础上进行直接谈判。中国方面重申坚持和平解决中印边界问题的一贯立场。双方对最近老挝局势的恶化表示深切的不安。指出日内瓦协议的签字国义务切实遵守日内瓦协议，不得以任何形式干涉老挝内政。双方重申决心为缓和国际紧张局势，维护亚非团结和世界和平而努力，坚持反对帝国主义和殖民主义的侵略和干涉，支持亚洲、非洲和拉丁美洲各国人民争取和维护民族独立的正义事业，支持关于召开第二次亚非会议的建议。

傍晚，西哈努克亲王在金边举行了有20万人参加的盛大群众大会，欢迎刘少奇一行。在签署联合声明之后，刘少奇和西哈努克亲王在阳台上出现，这时，20万人发出暴风雨般的欢呼声和鼓掌声，彩色气球和成群的鸽子飞舞在天空中。西哈努克亲王和刘少奇分别在大会上讲了话。

1963年5月6日，刘少奇一行结束了对柬埔寨王国为期6天的友好访问，乘专机回国。

第二节　出访南亚

1966年3月中旬至4月下旬，中华人民共和国主席刘少奇应邀访问了巴基斯坦、阿富汗等国。这是刘少奇作为中华人民共和国主席最后一次出国访问。

一、中巴友谊的使者

1966年3月，中华人民共和国主席刘少奇和夫人王光美应巴基斯坦总统阿尤布·汗的邀请，对巴基斯坦进行友好访问。陪同刘少奇和夫人王光美访问的有国务院副总理兼外交部长陈毅和夫人张茜以及其他随行人员。

刘少奇和他的随行人员乘专机于1966年3月26日抵达巴基斯坦临时首都拉瓦尔品第恰克拉拉机场，受到巴基斯坦总统阿尤布·汗和政府官员以及当地人民盛大热烈的欢迎。刘少奇在总统府拜会了阿尤布·汗总统，并同他进行了会谈，同天晚，阿尤布·汗总统在巴基斯坦首都伊斯兰堡举行盛大宴会，招待中华人民共和国主席刘少奇及其夫人。宴会是在伊斯兰堡主要建筑物之一——沙阿拉扎德（自由之城）饭店的大厅中举行的。阿尤布·汗总统和刘少奇发表了讲话。刘少奇在讲话中感谢巴基斯坦总统阿尤布·汗和巴基斯坦人民的热烈欢迎和隆重接待。刘少奇在讲话中指出，近几年来，中巴两国的友好关系有了很大的发展。他说，"事实证明，尽管我们两国的政治和社会制度不同，我们完全可以在和平共处五项原则的基础上发展友好关系。这种关系是符合我们两国人民的根本利益的。我们坚决反对侵略者。我们支持世界上一切反对侵略的人民，并且决心尽我们的可能，支持他们的斗争。巴基斯坦人民可以相信，当巴基斯坦为了维护民族独立和领土主权，坚决反对外来侵略的时候，六亿五千万中国人民将毫不动摇地站在巴基斯坦人民一边，坚决支援你们"，"中国政府和中国人民坚决支持巴基斯坦政府在克什米尔问题上的严正立场，坚决支持克什米尔人民争取自决权利的正义斗争"。他还指出："反帝反殖是当前世界政治的主流，不管形势多么复杂，这个方向和主流是明确的。历史只会前进，不会倒退。帝国主义和新老殖民主义的疯狂反扑，在觉醒起来、团结起来的亚非人民面前，只能失败得更惨，失败得更快。我们相信，亚非人民保卫民族独立、反对侵略的斗争，最后是一定要胜利的。"

随后几天，刘少奇及其一行参观了当地的名胜，在1966年3月31日，刘少奇和夫人在结束了对巴基斯坦的友好访问，乘专机回到新疆。

二、"丝绸之路"传友谊

1966年4月4日，刘少奇及其夫人王光美，应阿富汗国王穆罕默德·查希尔·沙阿陛下的邀请，前往阿富汗进行友好访问。国务院副总理兼外交部长陈毅及其夫人张茜以及随行人员陪同访问。刘少奇在喀布尔机场，受到阿富汗国王穆罕默德·查希尔·沙阿、王后霍梅希和阿富汗人民盛大的欢迎。

刘少奇和夫人王光美在古尔罕纳官拜会了国王查希尔·沙阿和王后霍梅拉。当晚，阿富汗国王和王后在迪尔库沙宫举行国宴招待刘少奇和夫人。沙阿国王和刘少奇在宴会上发表了讲话。

刘少奇在讲话中说，"我很高兴有机会访问友好邻邦阿富汗。我们来到以后，一直受到隆重、亲切的欢迎。这不但是给予我们个人的荣誉，而且表达了阿富汗人民对中国人民的深厚情谊。我代表中国政府和中国人民，向国王和王后陛下，向阿富汗政府和人民，表示衷心的感谢和敬意。我虽然是第一次来到你们的国家，但并不是到一个陌生的国家。中国人民对你们的国家和人民是很熟悉的。你们的国家是一个历史悠久、始终保持独立的国家。你们的人民是勤劳勇敢、有着反帝光荣传统的人民。中阿两国人民早在两千年以前，就有了友好往来，最近十几年来，这种友谊又有了新的发展"，"我们两国都遭受过帝国主义侵略，都坚决反对国与国之间的剥削、压迫和不平等的关系。因此，从建交以来，我们两国关系从来就是友好的、平等的、互利的。我们两国没有利害冲突。我们不做损害你们的事情，你们也不做损害我们的事情。我们两国互相尊重，发展友好关系，对我们两国人民都是有利的，中国一贯主张根据和平共处五项原则，同各国发展关系。我们特别强调大小国家一律平等，坚决反对大国沙文主义。我们反对大国歧视和蔑视小国、欺压小国。世界问题只能由世界各国来共同决定，绝不容许少数大国来包办。中国不容许别人用大国沙文主义态度对待我们，同时也不容许自己用这样的态度对待别人。毛泽东主席说过：'中国人在国际交往方面，应当坚决、彻底、干净、全部地消灭大国主义'。十多年来，我们就是努力这样去做的。我们认为，只有真正平等相待的国家，才能建立起真正的友好关系；也只有这种友好关系，才能经得起考验"。

1966年4月5日，刘少奇在喀布尔的迪尔库沙宫同阿富汗国王查希尔·沙阿举行了会谈。阿中友好协会在巴格巴尔饭店举行宴会欢迎刘少奇。4月6日，刘少奇和夫人访问了阿富汗第三大城市赫拉特。赫拉特是一个拥有约10万人口的城市，位于阿富汗的西北部。它是中世纪时期连接欧亚两洲通商道上的一个重要交通中心。这个城市到处是常青的松树，遍布着代表阿富汗伊斯兰古代文化的历史遗迹。

1966年4月7日，刘少奇和他的随行人员参观了喀布尔的阿富汗国家博物馆。这个博物馆陈列的文物反映了阿富汗文化发展的悠久历史和中国与阿富汗之间千百年之久的文化联系。陈列品中有阿富汗古时的石器、陶器、铁器和铜器，有在喀布尔以北60公里的卡皮萨出土的中国汉代漆碗的碎片。通过著名的"丝绸之路",中国和阿富汗之间大约在两千年之前就有了文化和贸易的联系,这些展品就是最好的证明。

1966年4月7日下午,喀布尔市民在加齐体育场举行盛大集会,欢迎刘少奇和夫人以及其他中国客人,体育场上有三万个座位,座无虚席。刘少奇在谈到两国友好关系时指出,中国和阿富汗之间的传统友谊在两国建交以来又有了新的发展,同时指出,亚非国家都面临着发展民族经济、摆脱贫穷落后的艰巨任务。刘少奇最后说:"为了反对帝国主义和新老殖民主义,促进亚非国家的独立和进步事业,六亿五千万中国人民将永远同阿富汗人民站在一起,同其他亚非国家的人民站在一起,互相支持,共同奋斗。"刘少奇的讲话一再被群众的掌声打断。

欢迎大会后,阿富汗人民表演了阿富汗最流行的民族舞蹈阿丹舞,最后举行了抢羊比赛,这种比赛是阿富汗人民只有在盛大的仪式和隆重的节日时才举行的。

刘少奇和夫人王光美以及其他随行人员在阿富汗进行了4天的友好访问,1966年4月8日满载着阿富汗人民对中国人民的深厚友谊刘少奇一行乘专机离开喀布尔回国。

三、希塔拉卡雅河上的情谊

1966年4月15日，刘少奇和夫人王光美，乘专机前往东巴基斯坦（今孟加拉国）进行友好访问，陪同访问的有国务院副总理兼外交部长陈毅和夫人张茜以及其他随行人员。

阿尤布·汗总统在巴基斯坦的陪都东巴基斯坦的首府达卡机场欢迎刘少奇和夫人。几十万群众高呼中巴友好的口号，挥舞中巴两国的国旗，热烈隆重地欢迎中国客人。

这一天是东巴基斯坦人民的元旦，欢迎者说，今天是东巴基斯坦双喜临门的日子，因为一个伟大友好邻邦的领导人来到了这个省的省府。许多人带着全家不顾酷热，等候了好几个小时来欢迎中国客人。

1966年4月15日，在东巴基斯坦省府大草坪上，达卡举行市民招待会欢迎刘少奇。4月16日，刘少奇和夫人在阿尤布·汗总统的陪同下，在达卡附近的希塔拉卡雅河乘船游览。16日，刘少奇同阿尤布·汗总统在达卡的总统府举行会谈。随后，东巴基斯坦、达卡各妇女团体举行茶会，欢迎刘少奇的夫人王光美、陈毅的夫人张茜，中国驻巴大使丁国钰的夫人常乃志也出席了茶会。双方进行了友好会谈。

　　王光美在讲话中说，"在我们这次访问巴基斯坦期间，我们同巴基斯坦的姐妹们和朋友们进行了广泛的接触，使我们进一步了解了你们的生活、你们的活动和愿望"，"我们高兴地看到，巴基斯坦的姐妹们在维护民族独立和参加社会生活方面已经有了愈来愈广阔的天地来发挥她们的聪明和才智"，"我们深信，我们两国人民和妇女之间的友谊，在今后反对帝国主义、反对外国侵略和维护民族独立的斗争中将会起更大的作用"。

　　1966年4月17日，刘少奇和夫人王光美一行结束了对东巴基斯坦的友好访问，满载着东巴基斯坦人民的友情离开了达卡。

第九章　平凡的故事 崇高的精神

　　共产党的宗旨是为人民服务，共产党的干部是人民公仆。这话说起来容易做起来难，而要坚持一生就更难。正如陈云所说："在我们的革命队伍里，有极少数人起初是干革命来的，以后是革命加做官，既革命，又做官。后来官越做越大，味道也越来越大，有些人就只想做官，不想革命了，把革命忘光了。"新中国成立后，随着党和国家的事业不断发展的需要，刘少奇在党内外担任的职务越来越高，但他全心全意为人民服务、甘为人民当公仆的宗旨始终未变。他高深的理论修养，廉洁奉公的作风，勤政为民的品德，实事求是的精神，受到了全党全国人民的爱戴和拥护。刘少奇共担任过两届国家主席兼国防委员会主席，在1959年4月，在第二届全国人民代表大会第一次会议上，他当选为国家主席和国防委员会主席。1965年初，在第三届全国人民代表大会第一次会议上，再次当选为国家主席兼国防委员会主席。

历史证明，刘少奇是我们党和国家的卓越领导人。他又是一位品德高尚的共产党员，他和人民同呼吸共命运。他强调国家主席是人民的勤务员，革命工作没有高低贵贱之分，在任何岗位上都应该全心全意地为人民服务。他几十年如一日，勤政廉洁，艰苦奋斗，无私奉献，身体力行。他生前没有存款，死后没有遗产，他的一生，是革命的、奉献的、公仆的一生，是高尚的、闪光的、壮丽的一生。从一滴水里可以见到太阳的光辉，从下面这些平凡的事迹里可以看到刘少奇崇高的品德和高尚的情操。

第一节　为人民服务

1959年10月26日，国家主席刘少奇、全国人大常委会委员长朱德、国务院总理周恩来等党和国家领导人，在北京人民大会堂接见了参加全国群英大会的各条战线的英雄和模范。接见中刘少奇首先看见了北京市崇文区掏粪工人时传祥，对于老时，刘少奇是有印象的，他来到时传祥面前，便和他亲切地握手，详细询问时传祥和清洁工人的生活、工作情况。时传祥告诉他："我们现在的生活过得挺好，大家的干劲可足啦！过去我们是用轱辘粪车一车车推，平均每人一天才背8桶粪，现在改成汽车运粪，工作效率提高了，平均每人一天背93桶。可是大家并不满足这些成绩，还要为社会主义多出几把力呢！"

刘少奇听了乐得哈哈大笑，鼓励他说："大家的干劲真够十足啦！可是还得加把劲，把全市的清洁工人都带动起来。"接着，刘少奇又问时传祥的学习情况，老时说："过去掏粪工人很少有识字的，解放后由于领导的关怀和帮助，成立了业余学校，现在多数人达到了高小文化，能看报、写信了，就是我差点儿。"当刘少奇得知时传祥只认识两三百字时，既批评又鼓励地说："老时啊！一个先进生产者，一个共产党员，光工作好还不行，各方面都得好，我们的事业越来越发展，没有文化哪行？我都这么大年纪了，现在还学习呢！你才45岁，时间还不晚，以后要好好学习，阴历年的时候给我写封信。"刘少奇一边说着一边将一支当时的名牌"英雄"金笔送给了他，鼓励他学好文化。

时传祥在旧社会做过20多年的掏粪工人，在"粪霸"门下，过着牛马不如的生活。每月工资3块钱，吃在马路，睡在马路，铺着地，盖着天，脑袋枕着半块砖。在政治上，有钱有权势的人更没把他们当人看待。1949年初北平解放以后，劳动人民成了国家的主人，后来老时又光荣地加入了中国共产党，还当选为区人民委员会委员和北京市政协委员。

国家主席的关心、鼓励，使时传祥这个在旧社会经历了无数苦难的老工人激动得流下了热泪。刘少奇诚挚地对他说："我们在党的领导下，都要好好地为人民服务。你掏大粪是人民勤务员，我当主席也是人民勤务员。这只是革命分工不同，都是革命事业中不可缺少的一部分。"①

时传祥回到单位后，他牢记刘少奇的期望，以掏粪为荣，以脏苦为乐，把建设清洁、美丽的首都作为实现自己人生价值的战场，为环卫事业做出了新贡献。文化大革命中，时传祥因刘少奇冤案受到株连，被江青等人扣上"工贼"帽子，被赶回山东老家后含冤去世。

刘少奇历来以谦虚谨慎、平等待人、平易近人著称，在广大党员和干部群众中留下了深刻的印象。他生前在党内党外不论担任什么重要职务，干部群众都习惯亲热地叫他"少奇同

① 时传祥：《哪样工作都光荣》，《光明日报》1980年3月18日。

志"，这充分地体现了他与干部群众的亲密无间，也充分地反映了人民群众对他的高度信任与热爱。

刘少奇是一位具有坚强党性和高尚情操的人，他担任党和国家的主要领导人以后，在党内，他把自己看作是党组织的一员；在党外，他把自己看作是普通群众中的一员。他坚持全心全意为人民服务，坚持当好人民公仆。他无论是在战争年代，还是在和平建设时期，为了党的事业和人民的幸福，他总是不知疲倦地、忘我地工作。刘少奇生前戴着一块上海生产的和平牌手表，戴手表的目的人所共知，但他戴着这块手表，有时是不起作用的。到了吃饭的时间也好，到了该休息的时间也好，他只顾埋头工作不去看表。工作人员叫他，第一次他不理会，第二次喊，他点一下头，可是一看表，他说还不到时间，原来他经常忘记了上发条。等把饭端上来，他才放下手里的工作，一边吃饭，一边思考，吃完后又去工作。他很少参加娱乐活动，不打牌，不下棋。工作之余，经常做的活动就是在深夜散步半个小时。刘少奇为了党和人民的利益，鞠躬尽瘁，他有着甘当革命老黄牛的精神，他是全党的楷模。

第二节 艰苦朴素 严于律己

一、特殊的家庭会议

刘少奇常说："对领导干部来说，最大的报酬是人民的信任。共产党员任何时候都要公私分明，处处为群众着想。"他一生追求的是对人民的奉献，从不利用自己手中的权力来谋取私利。如果把他一生对党和人民的贡献比作大海，那么他自己享受的仅仅是涓涓细流。因此，无论是在安源领导罢工时期，还是在后来成为新中国的领导人之一时，他都一直是保持着艰苦朴素、克己奉公、密切联系群众的习惯。每次外出前，他都要向工作人员反复交待，外出要轻装简行，去各地后，要坚持四不准：不迎送；不接受请客吃饭搞铺张浪费；不收受礼物；不搞前呼后拥的陪同。他说到做到，长期坚持。刘少奇和王光美去都江堰参观，接待单位请客人吃当地风味的"活水豆花"菜，吃饭时桌上摆了一桌菜，刘少奇知道是当地负责人用公款请客，饭没吃完，就要王光美向大家讲清："今天这餐费用，由少奇同志请大家。"并立即去交了钱。

刘少奇习惯在晚上办公，因此，他的晚餐通常是在午夜时间才吃，为了减轻厨师的劳累和节省开支，他总是把前两顿剩下来的饭菜倒进一个铝锅里，到时就叫王光美或卫士放在炉子上热一下就吃起来，如果没有剩下的饭菜就下点面条当晚餐。为了刘少奇的健康，有一次工作人员瞒着他申请了一些晚餐费，后来这件事被刘少奇知道了，他立即要王光美查清，然后从每月工资扣出100元来偿还这笔费用。

刘少奇担任国家主席以后，他的家里仍和我们每个普通家庭一样，靠工资维持生活，由于孩子多，他家里每月经费支出经常紧张。

1963年5月的一天，刘少奇将秘书刘振德请到自己的办公室里，用商量的口气对刘秘书说："光美同志下基层工作去了，现在要请你帮助办这些事情了。"这时，刘少奇把一个长约30公分，宽约20公分，高10公分的小木盒子放到刘秘书面前，对他说："告诉你吧，这是我的钱柜，里面还有些票证，我不看了，你拿去看看，该用什么的时候从里面取。但有件事我要提醒你，光美走时留下一个开支单子，每月发了工资，你就照她那个单子分配一下就是了，等她回来以后，你再向她交账。"

刘振德把盒子打开一看，里面放的是一些各种颜色的线脑，大大小小的衣服纽扣，长长短短的钢针和一些票证。刘振德把钱捡了出来，认真地把它理好，数来数去总共23.80元。

刘振德回到自己的办公室后，先找到那张每月开支的单子，上面是王光美的字迹：每月拿到工资，请按下列数额分配。

1.给卫士组100元，为少奇同志买烟、茶和日用品；

2.给郝苗同志（厨师）150元，全家人的伙食费；

3.给赵叔君同志（保育员）工资40元；

4.给外婆（光美的母亲）150元，作为5个孩子的学杂费、服装费和其他零用钱；

5.少奇同志和我的党费25元（当时刘少奇每月交20元，王光美5元）；

6.每月房租、电费等需40元。

以上六项共475元。而当时刘少奇、王光美每月的工资总共500多元，家里也无存款，还经常帮助有困难的同志，因此，刘少奇家里每月都是坚持计划用钱，节约用钱，精打细算，过着简朴、节俭的生活。①

在党内，刘少奇是著名的理论家，在各个革命时期，许多报刊发表过他的文章，出版部门出版过他的一些重要著作，这些部门按规定付给他一定的稿酬，按理完全可以归自己支配，但刘少奇不要稿费，他不是把钱退回去就是交给党组织。他说："老百姓有的还没饭吃，他们在生活上还存在许多困难，我们替人民办事，不能额外再要报酬，要尽量减轻人民的负担。"

刘少奇位居国家主席的高位，从不利用职权为其亲属谋福利。1959年4月，刘少奇担任国家主席以后，一些亲戚朋友想通过刘少奇为自己办些私事。为此，刘少奇专门召开了一次家庭成员和亲属会，还请了秘书参加，帮助他们端正认识，去掉旧的、歪的观念。

刘少奇在会上说："今天请你们来开个会，正确处理人民内部矛盾！什么矛盾呢？你们以为我当了国家主席，给你们一点东西很容易，但我和你们的看法不一致，这就是矛盾。有了矛盾，就要正确处理。现在解放了，在农村的也好，当工人

---

① 刘振德：《国家主席的钱柜》，《党的文献》，1994年第5期444页。

的也好，生活都比过去好多了，当然完全的平等，现在还做不到。你们在农村的想进城，希望我帮忙。不错，我是国家主席，硬着头皮给你们办这些事，也不是办不成。可是不行啊！我是国家主席不假，但我是共产党员，不能随便行使自己的职权。你们现在吃饱了，穿暖了，就该好好为国家工作。现在生活比过去好多了，可是国家还不富裕，还有许多困难，我们大家都要好好工作，建设好这个国家，不能因为你们是国家主席的亲戚，就可搞特殊，就可以不好好工作，随随便便。要为国家争气。"[1]刘少奇的讲话使到会的人深受教育，而且心悦诚服，从这之后，请求刘少奇办私事的人就很少了。

刘少奇要求别人做到的，他首先从自己做起，带头执行。他要求家里成员和亲属不要找他为自己谋好处，同时又强调不要以他的名义去从别的单位（人）那里谋取方便和好处。他不光说，也做到了。他有一个儿子没考上高中，他从没想过为他利用职权走后门，而是鼓励他走其他道路去实现自己的理想，为人民服务。

刘少奇担任过两届国家主席，出国访问时一些国家领导人

---

① 吴振英、刘震德：《跟随少奇同志十九年》，中共中央出版社1988年8月版，第130页。

和朋友送给他的礼物，每次他都要王光美一件件登记并妥善保管，回国后都如数交给外交部礼品办公室。他总是说："这些东西不是送给我和光美的，是送给我们国家的。"

二、培养人民的好儿女

刘少奇把自己的一生，献给了党和人民，为我们留下了宝贵的精神财富。在教育子女方面，他坚持用无产阶级的世界观、革命的人生观、无私奉献的价值观、艰苦奋斗的苦乐观来培养孩子们高尚的思想品德和规范他们的行为。刘少奇常教育孩子们说："爸爸是人民的儿子，你们一定要做人民的好儿女。"他总是用这样的话来激励孩子们健康成长。

刘少奇在生活上一直保持着战争年代艰苦朴素的作风，他严格要求孩子们也保持这种作风。王光美曾说："少奇同志对孩子要求很严格，平时吃饭，只有少奇同志的菜稍好点，孩子们一般不与少奇同志同桌吃饭，都在大食堂搭餐。孩子们穿的衣服也不讲究，姐姐的衣服不能穿了，妹妹接着穿；衣服破了，补一补又穿。上学都是步行或骑自行车。从小就培养他们艰苦朴素的作风，克服优越感。"

小女儿平平小的时候，一天保育员带她到王府井的一家商店买衣服。平平看上了一件皮领衣，用40元把它买了，后来，刘少奇知道了。他耐心地对保育员说："你不要认为平平是我的孩子就应该穿这么好的衣裳，最好把这件衣退掉，另买一件大众化的衣裳。今后要培养孩子们朴素的生活习惯，不要娇惯了他们。"

刘少奇还注重从小培养孩子们的劳动观点。小儿子源源读小学时，一次他把换下来的衣服、袜子往床上一扔，对阿姨说："阿姨，衣服脏了，帮我洗洗吧！"阿姨满口答应并把衣服洗了。刘少奇后来启发源源说："自己能够做的事要自己做，劳动是光荣的，不爱劳动是可耻的，要向劳动人民学习。"从此，源源自己能够做的事都自己去做，很少要别人帮忙。

在培养教育子女方面，刘少奇还鼓励他们到社会实践中、到艰苦的地方去，培养他们吃苦耐劳，适应各种环境和独立生活、工作的能力。长女刘爱琴去内蒙古工作后，不久，刘少奇又鼓励长子刘允斌一家由北京到内蒙古落了户。刘允斌，从小就在农村参加劳动，后去苏联学习，曾经历过苏联卫国战争的战斗考验，但刘少奇仍认为有必要再到艰苦的边疆去"经风雨见世面"，可见刘少奇在教育培养子女方面，标准之高，要求之严。

刘少奇对子女的良好教育和各方面的严格要求，使孩子们没有高干子弟的优越感。在党和人民的教育培养下，他们以顽强的毅力坚持学习和劳动，自强不息，奋发向上，在各自的岗位上施展自己的才华，没有辜负党和人民及刘少奇的期望。

刘允斌是刘少奇的大儿子，1924年在江西安源出生。1938年从宁乡老家送到延安，后去苏联学习。1945年在苏联加入共产党，在莫斯科大学毕业后获得了博士学位。1957年回国后，从事国防尖端科学的研究，曾任研究员、研究室主任等职，参加过我国第一颗原子弹的研制工作。他谦虚谨慎，平易近人；学识渊博，又红又专。后来刘少奇又动员他全家去内蒙古支援边疆建设。"文化大革命"中，刘允斌被江青等诬指为"白专"典型、"反革命修正主义集团"主要成员，在受尽了各种批斗和欺凌折磨后，于1966年11月12日，在包头市被残酷地夺去了生命。

刘爱琴，1927年出生在武汉，不到一岁时就寄养在一个工人家里，后又给人做童养媳，小小年纪，却饱受了人间的痛苦，她经历了"望不着笑脸的童年"。1938春，周恩来托人在武汉找到了她，并把她送到延安和爸爸见面。1939年，刘爱琴去苏联学习，毕业于莫斯科通讯技术学校。1949年秋回国后，教过中学俄语，后考取中国人民大学计划系，毕业后分配在国家计委工作，后又去内蒙古支援边疆建设。"文化大革命"中，她被说成是"里通外国"的特务，曾多次被批斗并几次被关押起来，但她没有向命运低头，而是顽强地活下来了。党的十一届三中全会后，她回到了北京，在公安大学任俄语教授，曾翻译了不少俄文书籍和文艺作品。

刘允若，刘少奇的次子，在上海出生，为了生计在上海街头当过卖报的报童。1946年，党组织在苏北农村找到了他后，把他送往延安。1954年，刘允若去苏联学习，在莫斯科航空学院毕业后，于1960年回国，分配在国防部五院工作（后改为七机部），他是学导弹设计的，是一个很有才华的知识分子。"文化大革命"中江青点名"刘允若不是个好东西"，于1967年初把他逮捕，关押8年，在狱中患多种疾病，因得不到应有的治疗，出狱不久就离开了人世。

刘平平，1948年出生，1966年"文化大革命"开始时，她只是一个高中生。随后她被投入监狱关了一年，出狱后下放到山东一个马场劳动，之后去工厂当了工人。政治上的严重打击，工作、生活上的艰难，都没有使她沉沦，她鼓足生活和斗争的勇气，在劳动之余坚持自学外语，后来成为一个单位的翻译人员。1980年11月，去美国留学，就读于哥伦比亚大学，她读完了大学、研究生的课程，获得了学士、硕士、博士等学位。回国后担任了北京食品研究所所长，因工作成绩突出，曾被评为北京市劳动模范、三八红旗手。美国《纽约时报》在头版头条还刊登过她的先进事迹和她的科研成果。刘平平生前曾担任国内贸易部科技司司长。

刘源，是刘少奇的小儿子，1951年出生。在"文化大革命"开始时期，当时他还是个初中学生。因为父亲是全国最大的"走资派"，为了躲避造反派的抓、打和批斗，小小年纪的他，也只得四处奔逃，过着提心吊胆的流浪生活。后来他被下放到山西雁北农村插队8年。粉碎"四人帮"后，他回到了北京，在一家起重机厂当工人，每天从事笨重的劳动，在紧张的劳动之余，他顽强地坚持自学，经常手里拿着馒头上图书馆。功夫不负有心人，1977年恢复高考制度以后，他以优异的成绩考上北京大学，因他是刘少奇的儿子，北大不敢录取，后被北京师范学院录取。大学毕业时，有关部门表示，刘源可以受照顾留在北京工作，有的教授希望他继续读研究生，但他谢绝了这些好意，决心到基层去，到人民群众中去经受锻炼和考验，他选择了河南省，因为那里在抗日战争期间，曾是刘少奇战斗和工作的地方，也是刘少奇逝世的地方。1981年，刘源被分配到河南省新乡县七里营公社担任副主任，后任主任、副县长、县长，他虚心向群众学习，后又担任郑州市副市长。因政绩突出，1988年初在河南省人民代表大会上，由各代表团提名被选为副省长，主管城市建设工作。后因工作需要，调武警某部任政委，被授予少将军衔。

刘婷婷，"文化大革命"开始时，她还是一个初中学生，与哥哥、姐姐同样的原因，受尽了各种折磨，后在一个维尼纶厂当过9年的工人。她热爱生活，勤学善思，以坚强的毅力一面劳动，一面坚持学习。1978年考取中国人民大学外语系，后去美国波士顿大学学习。不久又转到著名的哈佛大学商学院学习，毕业后到洛克菲洛公司工作，表现非常出色。

刘潇潇，"文化大革命"初期她才6岁，1967年9月，全家被赶出中南海，不久，哥哥、姐姐又被关押，她过着孤儿一般的生活。她天资聪颖，勤奋好学，充满理想，富于追求。1979年，以北京市第二名的高分考取北京大学，后去德国留学，先后就读于波恩大学、卡尔斯堡工学院，她是学遗传工程的，在德学习的6年中，学习刻苦，成绩优异，取得了硕士学位。[①]

孩子们的健康成长，成为又红又专的人才，与刘少奇和王光美的教育培养是分不开的。

三、人民的公仆

在刘少奇的一生中，他永远把党和人民的利益摆在第一位，不论何时何地他都始终坚持和人民同甘苦，时刻与人民心连心。他认为，一个共产党员、一个领导干部应该是吃苦在前，享受在后，为了党和人民的利益，要不惜牺牲自己的一切。他从自己做起，从小事做起，一生坚持。

过微山湖时，恰遇敌人进行扫荡，在湖边停留的十多天里，在寒冷的夜晚，他把自己盖的毯子和棉大衣盖在战士们的身上。吃不上饭，他和战士们一起用野藕片充饥，有次给他煮了点小米饭，他坚持要和大家一起吃。他病了也不愿吃药打针，理由是"药品来之不易，留给别的伤病员用吧"。他总是把利益给别人，把困难留给自己。这种小事对他来说，多得不胜枚举。

---

① 何光国：《人民公仆刘少奇》，中国工人出版社1997年1月版，第451—453页。

1964年4月，刘少奇等乘坐一条中型客轮，在经三峡去葛洲坝考察坝址后，沿江而下。当天晚上，客轮过了宜昌后，突然刮起了龙卷风，顿时风吼雨至、浊浪惊空，轮船剧烈地颠簸摇晃。在探照灯的光柱下，发现江上的小船陡然跃起，又被大浪压下去。这突如其来的风暴使所有人都惊惶失措，小木船上的人拼命叫喊着，落水者不停地呼救。船上的人们议论纷纷，有人说必须快去救人，而多数同志认为，轮船偏离航道是有危险的，上级给他们的重要任务是保证国家主席的安全，所以只能通知过往的船只去救。正在舱内批阅电文的刘少奇知道了这些情况，他当机立断地表示："就因为国家主席在船上，才更应该先救其他的落水者。"

船员们见刘少奇把人民群众的安危放在首位，却把自己的安危置之度外，大家都很感动，所以全都奋不顾身地投入了抢救群众的战斗中，大家齐心齐力地把落水的群众拉上了甲板。刘少奇担忧地站在窗前，他随着探照灯的强烈灯光，看到被风暴卷起的巨浪滚滚而来，重重地拍打着甲板，箭一般射来的雨点，飞溅到窗上，江面的小船像漂流的树叶般随着巨浪不断起伏。刘少奇见此情况，又命令船员们为小船挡风。将轮船横在江心，截住木船，用缆绳牢牢系在客轮上。直到第二天早晨，风过雨停，江面上才恢复了往日一样的平静。被搭救的两个落水群众在下船时怀着激动的心情，流着热泪和船员分手；系在客轮上的缆绳一根根被解开，小船一条条离去，人们才松了口气。此时，刘少奇也才放下心来。

刘少奇是中国人民的国家主席，而他又是名副其实的人民勤务员。他是平凡的，也是伟大的，他是中国人民最优秀的儿子，是全国人民学习的楷模。

第十章　含冤去世 精神丰碑

第一节　在"文化大革命"中"含冤去世"

1966年5月至1976年10月，在中国爆发了一场史无前例的"文化大革命"运动，它像狂风暴雨般地席卷了中国大地，时间长达十年之久，使党、国家和人民遭到建国以来最严重的挫折和损失。在"文化大革命"中，刘少奇成为中国最大的受害者之一。

导致"文化大革命"这场长达十年灾难性的运动，有多方面的原因，也有一个长时间的过程。在"文化大革命"前的十年中，我国的社会主义革命和建设取得了辉煌的成就，这都是在以毛泽东为首的党中央领导下取得的。但在这期间，毛泽东在关于社会主义社会阶级斗争的理论和实践上的错误发展得越来越严重，他的个人专断作风逐步损害党的民主集中制，个人崇拜现象逐步发展。党中央未能及时纠正这些错误，林彪、江青、康生这些野心家又别有用心地利用和助长了这些错误。

1965年秋，毛泽东将阶级斗争逐渐扩大化，随着1965年底开展的对吴晗和他的《海瑞罢官》剧本的批判，到后来越演越烈，对吴晗的批判，报刊上发表了批判文章，调门越来越高，给这个说不上有什么错误的剧本，硬加上了反党反社会主义的罪名，实际上成了政治性的围剿。至1966年初，这场批判运动成为社会性批判运动，直接成为"文化大革命"的序幕。

1966年2月2日至20日，林彪与江青合伙炮制了一份《部队文艺工作座谈会纪要》，在纪要中，他们诬蔑"建国以来文艺界被一条与毛主席思想相对立的反党反社会主义的黑线专了我们的政"，后经毛泽东修改发表，于同年的4月14日批发全党，这是发动"文化大革命"所进行的一项极为重要的舆论准备。

随着林彪、江青反革命集团的推波助澜，在1966年5月4日至26日的中共中央政治局会议上通过并发表了《中国共产党中央委员会通知》。这个文件错误地估量了党内和国内的政治形势，为发动"文化大革命"制造了依据。刘少奇在这次会上做了自我批评。这次政治局扩大会议的召开，标志着"文化大革命"进入了全面发动的阶段。

从1965年11月姚文元批《海瑞罢官》的文章发表起,就开始含沙射影地对刘少奇进行批判;1966年8月,党的八届十一中全会起,即在党内开始批判;1967年4月开始,在报纸上不点名地公开批判;1968年10月党的八届扩大的十二中全会,强加给刘少奇"叛徒、内奸、工贼"的罪名,并"永远开除出党,撤销党内外一切职务",即在全国点名公开批判。

1966年8月1日至12日,中共中央在北京召开了八届十一中全会,会议由中共中央主席毛泽东主持。在此会上,刘少奇受到了毛泽东的严厉批判;8月5日,毛泽东写了《炮打司令部——我的大字报》,大字报虽然未点名,但其目标十分明确地指向了刘少奇,同时也涉及到了邓小平。8月7日,毛泽东的大字报发表后,会议立即转为集中揭发批判刘少奇、邓小平。在此后,红卫兵的发展过快,而且革命中的老领导们,妨碍了林彪、江青的计划,于是在2月5日至18日,先后开了七次"政治生活会",以"二月逆流"的罪名,对谭震林等人进行了批判,周恩来也因此也受到了责难。此后,中央政治局便在实际上停止了活动。

在1967年1月以前,刘少奇虽然"靠边站"了,但他每天仍坚持读书、看报、看大字报和造反小报，听取批评，他还在真心实意地想如何改造思想、改进工作，想今后如何更好更多地为中国人民服务。但运动的发展，正迅速地向他想象的反面发展。从1967年初开始，对刘少奇的批判和斗争开始逐步升级，一些诬陷刘少奇的大字报纷纷出笼。1月6日，清华大学的"造反派"，在江青的唆使下揪斗王光美；同月，建工学院的"造反派"勒令刘少奇写检讨；中南海一些人组织的造反团、战斗队开始批斗刘少奇和王光美；上海刮起了夺权的"一月风暴"，对刘少奇一连串的打击接踵而来。从此，刘少奇的饮食、起居生活开始不正常，人也明显地消瘦起来，此时的刘少奇内心积满了难以想象的痛苦。

面对这场暴风骤雨的"运动"，刘少奇想要说理、澄清事实真相，简直是不可能的。在群众面前，许多根本就不是自己的错误，更不是什么"罪"的事，为了党和人民的利益、为了顾全大局，他不得不违心地承担着一切责任。他曾对孩子们说过："只要是对巩固无产阶级专政有利，只要国家能富强，我愿接受组织上给予的任何组织处理。"无论环境多么恶劣，刘少奇仍然以高度的党性要求、克制着自己。

1967年1月13日，毛泽东约刘少奇谈话。这天深夜，刘少奇乘车来到人民大会堂，两位战友、同乡会面后，虽没有往日那样的欢声笑语，但毛泽东态度和蔼，好像与刘少奇之间从来没有发生过什么不愉快的事情。然而，在这特殊的历史条件下，俩人都有各自的心事埋在心头，两人并没有进行推心置腹的交谈。刘少奇先向毛泽东承认、检讨了自己的错误，然后，郑重地提出经过反复思考后的两条要求："一、这次路线错误的责任在我，广大干部是好的，特别是许多老干部是党的宝贵财富，主要责任由我来承担，尽快把广大干部解放出来，使党少受损失。二、辞去国家主席、中央常委和《毛泽东选集》编委会主任职务，和妻子儿女去延安或老家种地，以便尽早结束'文化大革命'，使国家少受损失。"

毛泽东当时没有正面回答刘少奇提出的两条要求，只是要他看几本书，并介绍了德国的动物学家海格尔写的《机械唯物主义》和法国唯物主义哲学家狄德罗写的《机械人》等书。谈话结束后，毛泽东亲自送刘少奇到门口，并叮嘱刘少奇"好好学习，保重身体"。自与毛泽东会见后，刘少奇的心情稍好了些，他对今后的处境在思想上升起了一线乐观的希望。他曾对王光美说："主席对我是有限度的，但是群众发动起来了，主席自己也控制不住"，"主席的伟大，不仅在于关键时刻他比我们站得高，看得远；更重要的是有些设想暂时还办不到时，不坚持己见"。直到这个时候，刘少奇对毛泽东的热爱仍是真诚的，他和王光美更是时刻盼望着毛泽东早点讲话表态，为他们说话。但是，毛泽东虽找他谈过话，但两人都没有敞开心胸地讨论，一些搁在两个之间的问题并没有得到解决。因此这场谈话也不甚乐观。随后，形势越来越坏，同年3月，刘少奇被污为卖国贼，4月被列出八大罪状。

1967年4月6日晚，中南海的一伙"造反派"高喊着口号，闯进刘少奇办公室，勒令69岁的刘少奇从这天起，自己做饭、自己洗衣服和打扫卫生，改变作息时间。4月7日，刘少奇就所谓"八大罪状"写了一篇答辩材料，以充分的理由和铁般的事实写清了事实真相，这倒是给了刘少奇一个说话的机会。答辩材料被抄成大字报，在中南海贴出后，多人争相读看，但几小时后，这张大字报竟被撕得粉碎。4月8日晚，经中央文革讨论同意，通知王光美去清华大学接受批判。刘少奇因精神上受到这一连串的打击，加上改变作息时间和控制安眠药，他连夜都没睡觉，精神和肉体的折磨使他在当天晚上突然发生神经性昏厥。从4月到7月，批斗的手段越来越残忍。至同年的7月18日，刘少奇与王光美两人分开审判，至此夫妻不再相见。

1968年8月，刘少奇病危，但仍得不到医治。随着精神与病情的折磨，刘少奇的身体已达到了极限，在1968年11月12日6时45分，也就是刘少奇被强行押送来开封的第27天，他那颗为人民操劳了一辈子的心脏停止了跳动。

刘少奇病危时，也曾有好心人提出让他的亲人来见见面，但是没有人愿意做这个担风险的事。刘少奇去世时，在他的身边没有一个亲人，除了两个枕头，他没留下什么遗产。他一生为无产阶级的事业呕心沥血，死后也名副其实地是个无产者。但他留下了他未竟的事业；留下了他一生为中国人民的解放和社会主义建设事业的不朽的业绩；留下了伟大的思想、高尚的品德和人民公仆的精神。

第二节　人民心中的丰碑

在"文化大革命"中，当刘少奇蒙受最大冤屈而无法公开诉说的时候，他以一个伟大革命家的博大胸怀，镇定地对夫人王光美说："好在历史是人民写的。"人民最公正，历史最公正，这是不以人们意志为转移的客观真理。

当社会上到处都"批判刘少奇"，写标语，喊"打倒刘少奇"的口号时，人们百思不解，千疑万虑。然而即使是在"四人帮"的高压手段下，革命的干部、党员和正直的人民群众，仍为刘少奇抱不平。这其中就有朱德，陈毅。而在刘少奇的家乡宁乡花明楼的群众，有的收藏着刘少奇的像，有的收藏着刘少奇旧居的门匾，有的干部群众公开为他鸣不平，以此表达对这位共和国主席的热爱之情。

粉碎"四人帮"以后，党中央陆续揭发了江青等人的罪证，在全国掀起了揭批"四人帮"的高潮，清查他们的帮派体系，并在各个领域开始拨乱反正，对"文化大革命"中的冤、假、错案，也开始部分地进行平反。当时，全党和全国人民的共同心愿是，把被打倒和靠边站的老干部请出来重新工作；彻底平反冤、假、错案，把一切被颠倒了的是非迅速地纠正过来。但由于当时华国锋坚持"两个凡是"，因此不能立即执行。随着1978年5月11日《光明日报》特约评论员的文章《实践是检验真理的唯一标准》的发表，对"两个凡是"的批判，人们的思想得到了解放。十一届三中全会的胜利召开，历史已进入了20世纪80年代。

1980年2月23日至29日，中国共产党十一届五中全会在北京召开。全会决定为刘少奇彻底平反，撤销八届十二中全会强加给他的"叛徒、内奸、工贼"的罪名和将他"永远开除出党，撤销党内外一切职务"的错误决议，恢复刘少奇作为伟大的马克思主义者和无产阶级革命家、党和国家主要领导人之一的名誉，因为刘少奇问题受株连造成的冤、假、错案，由有关部门予以平反。为刘少奇平反，深得党心，深得军心，深得民心。

刘少奇冤案的平反，充分体现了中国共产党是一个勇于坚持真理、敢于纠正错误、坚持实事求是、追求光明磊落的党。自1966年"文化大革命"至1980年春刘少奇平反昭雪，在这长达15年的时间里，善良的人们关切地打听着刘少奇的音讯和下落，希望他平安、健康，期望他有朝一日再来为全国人民服务。然而事与愿违。由于"四人帮"的陷害，全党全国各族人民敬爱的刘少奇却早在1969年就离开了人世，在人民心中仅留下了不尽的思念。

在刘少奇去世后的第十二个年头，为悼念这位已故中共中央副主席、中华人民共和国主席，1980年5月17日下午，在北京人民大会堂举行了隆重的追悼大会。党和国家领导人及各界代表和刘少奇的亲属一万余人参加了追悼会，中共中央主席华国锋主持追悼大会，中共中央副主席邓小平致悼词。

邓小平说："今天，我们怀着无比沉痛的心情，悼念伟大的马克思主义者和无产阶级革命家刘少奇同志。刘少奇同志为共产主义事业战斗了一生。他是受到全党和全国各族人民爱戴的、久经考验的、卓越的党和国家领导人。文化大革命时期林彪、江青一伙出于阴谋篡党夺权的反革命目的，利用我们党的缺点和错误，蓄意诬陷和残酷迫害刘少奇同志。1969年11月12日，刘少奇同志在河南开封不幸病故。这是我党和我国人民巨大的损失。刘少奇同志几十年如一日，为党的巩固和发展，为新民主主义革命的胜利，为社会主义革命和社会主义建设事业的胜利，为反帝反殖和国际共产主义运动的开展，进行了不懈的斗争，建立了不朽的功绩，赢得了全党全军全国各族人民的爱戴和尊敬。"

邓小平说："刘少奇是我们党的马克思主义理论家。他一贯重视理论和实践的统一，勤于调查研究和总结经验，并且善于把实践经验提到理论高度。他对我们党的建设，对我国工人运动和党在白区的工作，在实践上和理论上都有重要的建树。他首先提出'毛泽东思想'的概念，并在党的第七次全国代表大会上进行了有力的宣传。他的《论共产党员的修养》一书和其他关于党的建设的著作，教育了全党的广大党员，是我们党的宝贵的精神财富。他在新民主主义革命时期党内几次重大政治路线斗争中，坚持了正确立场。他曾经同李立三的'左'倾冒险主义、王明的'左'倾机会主义、张国焘在长征中分裂党的罪恶活动以及王明在抗日初期的右倾机会主义做过坚决斗争。历史事实证明，刘少奇不愧为坚定的成熟的无产阶级革命家。建国后，他作为党和国家的主要领导人之一，积极参与制定和贯彻执行社会主义革命和社会主义建设的路线、方针、政策。他坚持社会主义道路，坚持无产阶级专政，坚持共产党的领导，坚持马克思列宁主义、毛泽东思想。在党的第八次代表大会上，他代表党中央所做的报告中，主张把党的工作重点转移到经济建设上来，集中力量提高社会生产力。在60年代初经济困难时期，他深入了解实际情况，倾听群众呼声，深切关怀国家的安危和人民的疾苦，坚决支持调整、巩固、充实、提高的正确方针，并作了卓有成效的努力。"

邓小平说："刘少奇是一位品德高尚的共产党员。他一贯重视研究马列主义理论。善于根据理论原则，联系实际，周密考察、具体分析问题，具有政治上的远见卓识。我们要学习他这种理论和实践统一的科学态度。刘少奇和人民同呼吸共命运，强调国家主席是人民的勤务员，革命工作没有高低贵贱之分，在任何岗位上都应该全心全意地为人民服务。在他遭受到林彪、江青一伙残酷迫害，处境异常艰难的时候，他始终保持共产党人的革命信念。我们要学习他对党对人民无限信任的革命品质。他言行一致，不隐瞒自己的观点，敢于坚持真理，抵制错误。他从来都把自己放在组织之中，尊重集体领导，服从组织决定。我们要学习他这种坚持原则、严守纪律的革命风格。他在对敌斗争中机智沉着，立场坚定。在革命紧急关头，他总是不避艰险，到最困难的地方去挑最重的担子。我们要学习他这种英勇顽强的革命精神。"

邓小平最后说："林彪、江青一伙制造伪证，隐瞒真相，罗织罪名，企图把刘少奇的名字从中国革命的历史上抹掉，但是，历史宣告了林彪、'四人帮'一伙阴谋的彻底破产。历史对新中国的每个创建者和领导者都是公正的，不会忘记任何人的功绩。和毛泽东、周恩来、朱德一样，刘少奇将永远活在我国各族人民的心中。"

刘少奇生前曾多次表示："将来，我死了以后，把我的骨灰撒在大海里，像恩格斯一样。大海连着五大洋，我要看着全世界实现共产主义。"短短的几句话，深刻反映了他同旧的传统观念彻底决裂的决心，也充分反映了他作为伟大的马克思主义者、无产阶级革命家的博大革命胸怀。

按照刘少奇生前的遗愿，1980年5月18日，由刘伯承面陈中央，提出将刘少奇骨灰撒在大海的任务交由中国人民解放军海军执行，以满足故人生前的心愿。中央书记处经过讨论，完全同意这一意见。当天下午，三名人民海军军官来到王光美家中，向她转达了刘伯承对亲属的慰问，并讲了准备出动飞机执行撒骨灰的任务。

在离青岛不远的大公岛，担负撒骨灰任务的军舰是刘少奇生前视察海军时乘坐过的101驱逐舰，军舰离港后，刘少奇的骨灰由亲属撒向了浩瀚的黄海中，随着海浪流向大海流向大洋。他没有遗产，也没有坟墓，但他光辉的思想，崇高的品德，公仆的精神像海洋一样永存。

第三节　永远活在人民心中

刘少奇平反昭雪的当年春天，为了缅怀这位前共和国主席对中国人民革命和建设事业的伟大功绩，表达人民群众对他无限热爱和崇敬之情，在中共宁乡县委、县政府的领导下，重新恢复了在"文化大革命"中被破坏了的刘少奇旧居的原貌，随即对外开放。来自全国各地的干部群众和世界各地的朋友，纷纷到这里参观瞻仰。后来参观瞻仰的人越来越多，仅在旧居的一些简单的陈列已远远不能满足参观者的要求，特别是来此的一些老干部、老党员，他们都提出建议，要求建立刘少奇纪念馆。

1983年11月，在刘少奇诞生85周年之际，王首道、何长工等中央领导来炭子冲参加纪念活动时，便向湖南省党政军领导提出了建馆的建议。中共湖南省委、省人民政府根据人民群众的迫切要求，经请示中央同意，决定在刘少奇的家乡——宁乡县炭子冲建立"刘少奇同志纪念馆"。

纪念馆于1985年5月1日开始动工，1988年竣工。它坐落在刘少奇旧居南面约300米处，坐北朝南，傍山而建，左前面有清水池塘，四周是延绵起伏的山丘，林木繁茂，各种建筑掩映在青山绿水之中。纪念馆建筑面积为3100多平方米，有宽敞的序厅和8个风格不同的展室，每个展室均为单体，各室之间有联廊相接。内有音像厅和古朴、高雅的休息室。馆内呈四合院，南端有建筑精巧、古色古香的怀念亭，由彭真题词，是湖南省总工会捐建的。院内种有各种名贵的花木和翠竹，庄严清雅。在纪念馆门前，有面积达亩的广场，大小花坛长满了各种花草，东端亦有一个怀念亭，亭边是池塘，北面有水榭，塘边多垂柳，景色迷人。

1987年，邓小平题写了"刘少奇同志纪念馆"馆名。在纪念馆西南约200米的山坡上，耸立着刘少奇全身铜像，铜像高4米，像座高3.1米。由中华全国总工会敬建，著名雕塑大师刘开渠和程允贤雕塑而成。

1988年11月21日，是刘少奇诞辰90周年和纪念馆开馆、铜像揭幕典礼之日，在他的家乡炭子冲举行了隆重的大会。国家主席杨尚昆，中顾委副主任宋任穷，全国人大副委员长朱学范，全国人大副委员长、全国总工会主席倪志福，全国政协副主席王光英等中央领导，刘少奇夫人王光美率家属及湖南省、长沙市、宁乡县的领导和工农群众、有关代表参加了这个隆重的大会。原计划只500人参加大会，但热心的群众竟从各地像潮水般的涌来参加这一盛会，实际人数达5万人之多，可谓人山人海。

杨尚昆主席在大会上发表了讲话。他称赞刘少奇是中国共产党内的著名理论家，又是实干家，是值得我们永远学习的榜样。"建立他的铜像，供后人瞻仰，建立他的纪念馆，使这位历史巨人的丰功伟绩永传后世，这是很有意义的，"杨尚昆说："我们纪念刘少奇同志，学习刘少奇同志，一定要坚持不懈地为建设具有中国特色的社会主义而奋斗，把刘少奇同志等老一辈革命家的未竟事业不断的推向前进。"

如今的炭子冲已成为全国人民和世界各国朋友向往的地方之一。刘少奇纪念馆自1988年11月24日开放以来，每天的参观人数都很多。不少机关、部队、学校、工厂还在这里举行各种有意义的活动，而故居和纪念馆成为向人们进行爱国主义和革命传统教育的最好课堂。

刘少奇从一个农村家庭的普通青年学生成长为伟大的马克思主义者，伟大的无产阶级革命家、政治家、理论家，党和国家主要领导人之一，是与他的坚定信仰、高尚品德分不开的。

作为祖国的未来接班人，我们更应该学习他坚持马克思主义真理的品格；学习他对人民忠心耿耿、鞠躬尽瘁的共产党员党性；学习他在与同事、群众、亲友相处时展现的人格魅力。

刘少奇永远活在人民的心中！他留给我们他对党、人民、无产阶级革命事业的忠诚；他为祖国的社会主义事业和社会主义革命，呕心沥血、鞠躬尽瘁的公仆精神；他生活简朴、严于律己、廉洁奉公、平易近人的人格魅力。刘少奇的光辉业绩、崇高风范、高尚品德，永远铭记在全党和全国各族人民心中。我们要把刘少奇的这种精神一代一代地传承下去，继承他的未竟事业，为中华民族的伟大复兴和国家的繁荣富强而奋斗！